U0674083

社会主义核心价值体系建设
"双百"出版工程
项 目

/100位
新中国成立以来感动中国人物/

甘 远 志

金 敏 傅勇涛/著

★

吉林文史出版社

《100位新中国成立以来感动中国人物》丛书

★★★★★

编 委 会

前　言

　　每个人的心中都多少有一点英雄情结，都向往英雄、景仰英雄。也正因此，在中华人民共和国建国六十周年之际，由中央十一部委联合组织开展的"100位为新中国成立作出突出贡献的英雄模范人物和100位新中国成立以来感动中国人物"的评选活动中，群众参与投票总数近一亿。这其中的每一张选票，都表达了人们对英雄模范的崇敬之情，寄托着对伟大祖国的美好祝福。

　　一个民族不能没有英雄，否则这个民族就不会强大。当国家危难之时，懦弱者选择了逃避、妥协甚至投降，英雄们却挺身而出，用热血捍卫民族的尊严，人民的幸福。在创立和建设新中国的伟大历程中，涌现出无数可歌可泣的英雄模范人物。他们之中，有为了民族独立和人民解放而英勇牺牲的革命先烈，有为了党和人民的事业而不懈奋斗的优秀共产党员，有在全民族抗战中顽强奋战、为国捐躯的爱国将士，有英勇杀敌的战斗英雄和革命群众，有积极从事进步活动的著名民主爱国人士和国际友人……他们是民族的脊梁、祖国的骄傲，是激励全体人民团结奋斗的精神力量。

　　《100位新中国成立以来感动中国人物》丛书，就像一部星光璀璨的英雄谱，真实、完整地记录了英雄模范人物不平凡的一生，再现了他们非凡的人格魅力和精神世界。舍身堵枪眼的黄继光，拼命也要拿下大油田的王进喜，中国原子弹之父邓稼先，新时期领导干部的楷模孔繁森……一串串闪光的名字，一个个动人的故事，犹如群星闪烁，光耀中华。

　　当今中国正处于伟大变革的时代，迫切需要涌现出一大批勇于承担历史使命、为祖国和人民奉献一切的先进人物。在"双百"人物崇高精神的引领下，在建设社会主义现代化国家的征程中，必将英雄辈出。

生平简介

甘远志（1965-2004），男，汉族，四川省广安县人，中共党员。生前系海南日报社经济部主任记者。

甘远志从事新闻工作18年，尤其是2001年6月调到海南日报社后，更是以高度的政治觉悟、社会责任感和顽强拼搏精神，采写了许多有分量有影响力的新闻作品。他仅在海南日报社工作的1000多个日子里，采写的稿件达1000多篇。他的作品如《碑，是人民树的》、《洪灾区采访记》、《南充发生五·二三严重事件》、《海南铁路百年梦》、《掌声，15次响起》等多次获全国和省级好新闻，在社会上产生广泛影响。他的敬业精神在新闻界有口皆碑。他本来是可以坐办公室的，却要求到最偏僻落后地方驻站采访。为了给读者提供最新最鲜活的报道，他总是第一时间赶到现场。以前是报道空白的领域，他挖出了源源不断的新闻；以前少有问津的部门，却被他跑成"热门"；枯燥的、难采访的题材，难出稿、别的记者不愿跑的部门，成了他报道中最活跃的领域。不是新闻的，拿钱买不动他；该监督批评的，恐吓拦不住他。他始终以一个新闻人的姿态奔波在路上。他用一个新闻工作者的良知、责任和精神，为这个行业树起了一面旗帜。2004年9月4日，在海南省东方市采访途中，他突发心脏病不幸逝世，年仅39岁。

1965-2004

[GANYUANZHI]

◀ 甘远志

目 录 MULU

嘉陵江边

1986年秋天，风华正茂的甘远志从四川大学中文系毕业后，回到家乡南充日报社成为了一名记者、编辑。在嘉陵江边，甘远志吮吸着母亲河的精华，博采灵气。他深入农村乡镇、工矿企业、大专院校、军队营房，在社会的大舞台上展现自己的青春年华。他冒雨走访农家，为保护农民利益鼓与呼；狂风暴雨引发山体大滑坡后，他踩着松动的石块，采访抢险救灾的武警战士与干部群众；当"蚕茧大战"难分难解之时，他以敏锐的目光，组织稿件，反映各方观点，以实情展示"粮经"双赢之路。寒冬里，他来到即将奔赴"老山"前线的战士之中，与战士们同操练，为战士们照相，在号角声与如血残阳中感悟人生。总之，在嘉陵江边，甘远志一天天成熟起来。担任报社团总支书记的甘远志与报社年轻记者、编辑一起，白天采访，夜里探讨新闻写作创新，变革文体，在报社刮起了一股清新之风。

1992年，甘远志荣获南充地区新长征突击手称号。

不能让某些人食"肥"而肥
★★★★★

1987年5月25日上午，刚上班一会儿，甘远志就来到广安县广播电视局宣传股。脚一迈进办公室，他就急冲冲地对着高中同学卢伟说："兄弟，这次回老家没捞到一点'干货'哟，如果跑不到像样的稿子，可愧对报社的差旅费了。"

卢伟笑着说："别急嘛，你昨天才回来，我手头正好有条'活鱼'送给你。"

甘远志微笑着轻轻地拍打着卢伟的肩膀说："少卖点关子，有啥话赶紧说嘛。"

卢伟立即收起笑脸，说："你听说没有，现在农村化肥紧张得不得了，大春生产一个农民仅供应1公斤肥，还是碳氨。就是这点肥，金广乡供销社还打歪主意，扣住贫困户的化肥不给卖，职工私分化肥，农民上访不断。"

甘远志的神情也一下严肃起来："我想马上去调查这件事，你能不能陪我跑一趟？"

当时，卢伟仅是一般编辑，县广电局规定采编人员下乡，需要自己坐班车去。卢伟说："我们下去可没车哟。"

甘远志那时的心情，恨不得马上就到了金广乡，他看卢伟稍显犹豫的脸色，便说："坐啥车，我们就走路，路上跑快点就是了。"

甘远志在卢伟陪同下，选了一条到金广乡最近的小道。这条小道的"谏议坡"不仅很陡，而且长达1公里多，两千多步青石板梯子。甘远志爬上这面长坡后，已大汗淋漓，他对卢伟说："这可是当年邓小平爷爷上学走过的路，我们也算踏着他老人家走过的路前进了。"说罢，两人哈哈大笑起来，一阵小跑，冲下了这座小山头。

初夏时节的天空犹如娃娃脸一样，喜怒无常，一会儿天空中就乌云密布，下起了瓢泼大雨。前不挨村，后不着店。甘远志赶忙打开采访包，把装毛巾的塑料袋腾出来，将采访本严严实实地包上。

尽管两人都淋成了落汤鸡，甘远志仍很乐观，他自嘲道："当记者就这德性，看了些稀奇，也吃了些苦头；皇冠车坐过，拖拉机也坐，羊肠小道几个小时也走过。雨中说笑走路的机会还是不多，苦中求乐吧。"

走了两个多小时的乡间小道，到金广乡境内，雨还在下，只是小多了。见前面田里农民披戴着雨具正忙着栽秧，甘远志便上前向他们打听化肥供应情况。

农民听说是地区报社记者来采访，纷纷放下手中的秧苗，跨上田坎，你一言我一语摆开了龙门阵。言语间，对化肥供应中的不正之风意见不少。

当听到农民们每人平均0.8公斤化肥，每人还匀出一两凑了10多公斤援助两户贫困户，而乡供销社职工却私分化肥卖高价时，甘远志再也控制不住自己的情绪，一下愤怒起来了。他说："简直无法无天！"

甘远志向农民说："如果真是这样的话，我不揭露这伙人的丑行就不是一个好记者。我倒要看看这伙人是不是比别人多长了一根肋骨。"说这话时，甘远志压抑着心中的怒气。

这些农民告诉甘远志，对这件事最清楚的见证人是春风村五组农民杨毓忠，他买肥时还被供销社的职工打了。但杨毓忠家住在春堡山的半山腰上，从这里去至少还得再走上四五十分钟山路。

此时雨已停了，反映情况的几位农民听说甘远志他们俩穿着湿衣服要去找杨毓忠，便劝道："你们先回县城去换衣服嘛，我们带信让杨毓忠来找你们。"

甘远志仍执意要去杨毓忠家，一位农民带路，他们向春堡山的半山腰爬去。

正在自家地里栽红苕的杨毓忠夫妇见有记者来访问，很是激动。杨毓忠说："天一亮，门外大槐树上的喜鹊就叫个不停，还真有贵人来呀。"

当甘远志说明来意后，杨毓忠的嘴唇略显得有点颤抖地说："看你们衣服湿成这样子，赶紧进屋脱掉换件干净的。"

杨毓忠的妻子忙着给甘远志、卢伟两人找干净衣服换，杨毓忠就把买化肥的事，细细地说开了：

4月初，广安县供销社在进行大春第一次计划供肥时，县上计划原是每人供肥1公斤，但乡供销社却只按每人供肥0.8公斤的方案分给全乡13000多人。就是这点化肥到了该乡春风五组农民手中，他们自动将每人平均0.8公斤的碳氨减至0.75公斤，匀出10多公斤给该组贫困户黄先国、李大树两家。

4月29日，杨毓忠拿着4月13日开的化肥单到乡供销社购肥，营业员陈运林以该单过期为由，粗暴地把购肥单哗哗两下就撕掉了，要退钱给他。

常言道：庄稼一枝花，全靠肥当家。催秧苗、红苕苗、玉米苗，哪一样苗子缺了肥都不行。自己忙了几天农活，没顾上到供销社买回计划供应肥，怎能说没有就没有呢。杨毓忠打定主意买不到肥就不回家了。

杨毓忠听人说供销社仓库里还有好几十袋化肥，供销社的人当晚要把这些化肥处理完。杨毓忠就与浓溪乡斑竹村8组农民周忠厚等一起守候在川鄂公路边的化肥仓库旁。

4月30日凌晨4时多，杨毓忠、周忠厚等人见陈运林和拖拉机手等4人往手扶拖拉机上装运化肥，便上前央求购买一些化肥，陈运林不答应。

运肥的拖拉机开动后，杨毓忠和周忠厚就爬上车，把化肥往地上掀，掀到第三包时，陈运林便上前抓住杨毓忠殴打起来。

直到这天上午9时，化肥被拉进了乡政府大院内，事态才平息下来。

金广乡场镇上的知情人介绍，4月30日凌晨4时多运出的20多包化肥是分给供销社内部职工的。这之后，乡供销社也确实将这些化肥私分了，乡政府并没干预这事，当地农民对此强烈不满。

杨毓忠把买化肥遭殴打的事讲完，杨毓忠妻子就端出了两碗荷包蛋，每碗有4个蛋。

甘远志知道，这可是当地人接待珍贵客人的最高礼遇了。他端碗的手颤抖了，强忍住就要掉下的泪水，他说："相信我吧，我会把见到的、听到的都写出来，要让那些以肥谋私的人得到应有的惩处。"

没过几天，《化肥，到了他们手中》的记者来信就在《南充日报》一版见报了。同时，还配发了评论《不能让某些人食"肥"而肥》。

不久，广安县纪委派员到县供销社进行了调查，金广乡供销社的有关人员受到了严厉的组织处分。

⟶ 穿梭在上万闹事球迷中

★★★★★

"雄起，雄起!"球迷的吼声此起彼伏。

1988年5月23日下午6时45分，全国青年足球联赛南充赛区最后一场比赛，即四川青年队对天津冶金队比赛结束后，球迷们久久不肯离去。

在南充市体育场进行的这场比赛吸引了一万多名球迷，四川队一比二输给天津冶金队未获出线权。面对四川队比赛失利，球迷们在惋惜的同时，纷纷认为裁判不公，特别是四川队一名球员被踢伤，更使球迷们产生了一种激愤情绪，对结果表示强烈不满。

一些年轻球迷从看台上跳下去，跑进比赛场内，企图与客队天津冶金队理论。场内公安干警出面阻止，维持秩序，对跳进场内的球迷强制带离现场。

当越来越多的球迷冲进球场时，公安干警已护送天津冶金队撤离出了球场。骚乱的人群没有了目标，便向天津冶金队住宿的团结旅馆和市公安局冲去。愤怒的球迷见警察就追，后来发展到乱砸、乱烧。

甘远志在报社是篮球队队长，也是一个铁杆球迷。当天下午他与报社的另一球迷郭军两人就坐在体育场主席台附近的看台上。

球迷情绪激动至骚乱的整个过程，甘远志都细细地看在眼里。在近距离观察整个骚乱场景中，甘远志与郭军相互保护，他俩手抓着手，背贴着背，在人流中裹挟着走。

甘远志对郭军说，裁判执法是有一些问题，我也想挤进场去发泄一下，但是眼前这种场景太乱了！作为"三总"（总司令朱德、总参谋长罗瑞卿、改革开放总设计师邓小平）家乡的南充人太没面子了。争取主办这次比赛多不容易呀，这是国家体委安排在南充的第一次正式的全国性比赛。

甘远志和郭军商量，跟着球迷走，要把这场骚乱的情况真实地记录下来。

晚7时10分，市体育场正门外围观的人越聚越多，极少数人向人群乱扔砖头、石块和鞭炮，还有人烧毁宣传横标，砸毁体育场临街门面玻璃橱窗，接送运动员的两辆客车玻璃窗被砸碎，3辆三轮摩托车被掀翻。

晚8时2分，一些人将武警部队停放在体育场门前的一辆双排座小卡车推翻后点燃，一时间烈火熊熊，浓烟滚滚。半小时后消防车赶到时，这辆汽车已成了一堆废铁。

晚9时许，数以万计的人涌到南充市公安局和地区团结旅馆门前。极少数人借机打砸抢，他们先是打烂水银灯，然后冲进市公安局交警队值班室和出入境管理科办公室，将桌子、沙发、吊灯、门窗砸坏，还用石头砸开消防用品门市部大门，捣毁货架、玻璃柜，抢走电警棍、手铐、照相机等物品，相邻的深南联合公司的门窗亦被砸烂。

少数人冲进团结旅馆后，点燃电线放火，抢劫了小卖部的香烟、糖果、罐头和旅馆酒家的五粮液、泸州特曲等名酒，还砸烂电话，把几张大圆桌扔到大街上。

在骚乱中，有近百名公安干警和群众受伤。

当甘远志、郭军穿梭在球迷之中时，报社副总编罗文荣又派出采访科副科长刘文逵加入采访行动——直击球迷骚乱全过程。

夜里10时许，甘远志、郭军与刘文逵在编辑部碰头时，大家都已精疲力竭。郭军后来回忆说，到了编辑部还很兴奋，尽管饥肠辘辘，腹中空空，但下午和晚上的所见所闻，又让人情绪激愤，睡意全无，想写稿子。

刘文逵执笔，甘远志、郭军为他提供素材。当时，3人比较一致的看法是，最初，公安干警在强制带走球迷的时机上处理得不很妥当，激怒了球迷，这也是球迷闹事升级的一个重要因素。整个事件，应该说没有人策划，是一场球迷情绪失控，被个别品质不好的人推波助澜，大搞打砸抢活动的严重突发事件。

夜里12时许，一篇《南充发生"5·23"严重事件》的通讯报道完稿了，罗文荣把稿件送给地委负责人审阅。这位负责人最初并不同意发稿，怕稿件定性不准，把事件说轻了，没说到位。罗文荣向这位负责人汇报说，我们在现场的记者目睹了整个事件的全过程，搞打、砸、抢的是极个别人，上万的人是围观，是发泄，矛头并没有对着我们党和政府。一番解释后，稿件通过了审阅。

次日清晨，"美国之音"广播说：邓小平家乡发生平民骚乱事件。在骚乱中，有大学生被公安带走并失踪。

5月24日上午，中共四川省委常委、办公厅主任黄启璪，省公安厅厅长吕卓赶到南充，调查球迷骚乱事件。省委调查组看了《南充日报》的报道，认为稿件报道事实准确，并同意记者的观点，是一场"严重事件"，对破坏国家财产，触犯刑律的要坚决打击，依法严惩。但打击面一定要小，不要进一步追究参与此事件的大专院校学生。

接下来几天，甘远志针对社会上流传的，几十名大学生被抓，12岁儿童被打死，师范学院一位副院长被打伤的谣言，到有关部门进行了深入采访，写出了澄清流言的翔实报道。

南充市公安机关对"5·23"严重事件的害群之马进行了公开处理，逮捕打砸抢犯罪分子6人、劳动教养5人、治安拘留3人。这次严重事件缩小打击面，既维护了法律的尊严，又顺应了民心民意，得到了社会各界最广泛的有力支持。《南充日报》的正确舆论导向也起到了极好的效果。

➡ 奔走在百万方滑坡山体上

★★★★★

1989年7月初，盛夏的四川盆地在经过一段闷热的高温后，人们盼望着老天爷能下场透雨，凉快一把。

8日下午，天边乌云越积越多，云层越来越厚，雷声由远而近，黄豆粒般的雨点随着狂风砸向地面，一场覆盖川东北的特大暴雨倾盆而下，人们顿觉清凉、爽快，夏日的暑气与燥热一扫而光。

然而，这次暴雨从下午随狂风而来，至夜晚，越下越急，越来越大，天地间一片雨雾茫茫，雷鸣电闪不断。仅一夜时间，平坝地带流通不畅的水，已渐渐打旋，与沟汊里的水连成一片，地势较低洼的平坝成了汪洋。9日一整天，如注的暴雨没有一点要停歇的意思。

小溪流开始呻吟了，渠江、嘉陵江沿岸频频告急。南充地委、地区行署值班室的电话铃声响个不停。

暴雨中心区的武胜县五排水库、岳池县响水滩水库、回龙水库全部满负荷泄洪。

10日下午1时30分，华蓥市溪口镇发生特大滑坡——

溪口镇的一些厂矿企事业单位和附近的村民被掩埋在泥石中。传出的信息是几百人被埋进去了，各种版本的传言不断。滑坡灾区的电讯已中断。

10日下午，天空仍是乌云密布，雨如瓢泼，天边看不见一丝亮光。南充日报社党委书记刘春辉、常务副总编罗文荣上班后的第一件事，就是决定派出3名记者到抗洪第一线去采访。

此时，报社采访科长、摄影记者谢奇已在武胜县，罗文荣就让副科长刘文遠再挑选一名记者一块儿去参与报道。

甘远志得知报社成立抗洪抢险前方采访组的信息后，立即找到罗文荣、刘文遠表达坚决要求到一线去采访的决心。他说："到报社3年了，眼下洪水灾情这样大，正是报社锻炼和考验我的时候。再说，我身体也很棒，还会游泳。"

刘文遠看甘远志态度坚决，在报社几个年轻记者中，他的求战心情最迫切，便说："好嘛，小甘你赶紧去取紧急采访包。"

南充日报采访科当时为应对突发事件，科里准备了好几套装有毛巾、牙刷牙膏和香皂的采访包。刘文遠说："小甘，我们也不回家了，一人带一个采访包立即出发，到武胜县把谢科长接上，再去华蓥溪口滑坡现场。"

下午3时多，刘文遠和甘远志坐上报社的北京吉普车，迎着风雨直奔武胜，准备接上谢奇连夜赶往华蓥市。北京吉普从南充出城不久，就不断遭遇洪水淹没公路，必须改道绕行的情况。车到武胜县城，天色已近黄昏，谢奇见着刘文遠就说，今晚不要走了，我们去五排水库守夜，今晚那里太危险了，这病害深重的水库能否挺过去，还真有点玄。如果挺不过去，坝下3万多人就危险了。

谢奇、刘文遠、甘远志3人立即向五排水库奔去。这座始建于1958年，但1978年就被四川省水电厅定为病险工程的水库，在甘远志他们到达时，从泄洪闸里涌出的浑浊浪花，腾起几十米高，有的浪花已超过了导洪墙。

这时，库内水面离堤顶最高处只有2米多了。要命的是，在轰隆隆的泄洪声中，不规则的坝坡面、坝顶已出现沉陷，局部明显滑坡。听着轰轰的溢洪声，采访组3人与护坝的水利技术人员和村民一夜未眠。

次日清晨7时，水位下降1.66米，坝上众人提到嗓子眼的心，才得以放下。见五排水库没事了，谢奇他们立即驱车向华蓥市方向奔去。

在沿口镇停下吃午饭时，刘文遠打听到，去华蓥溪口的必经之地——罗渡镇水位极速上升，若不及时通过，下午洪水涨过桥面就难过去了。于是，3人放下筷子又急忙上车，风驰电掣般地直奔罗渡大桥而去。

紧赶慢赶，下午2时多，他们到达罗渡大桥时，洪水已封死了桥面，河水仍在上涨。镇上500多户场镇居民、15家单位全部陷入滔滔洪水之中。3人当即弃车上船，小木船在一片房顶间艰难穿梭行驶。

无数只疲倦的燕子栖息在刚露出水面的电线上，一只狗在一堆仅露出几平方米的煤堆尖上求助地狂吠着。

下午3时多，在向交通要道——罗渡中学靠近时，洪水淹没了道路。年轻又充满朝气的甘远志带头脱掉外衣裤，头上顶着谢奇的照相器材，3人艰难地蹚着1米多深的洪水，穿过100多米的激流，登上了位于高坡的罗渡中学。

这时，正遇上华蓥市抢险指挥部专程来接他们的小车。1小时后，采访组赶到了华蓥市。

进入溪口镇，巍巍挺拔的山峰正被浓浓的云雾笼罩着。眺望远处，镇东侧马鞍山两峰之间的半腰大滑坡后形成的紫绛色断面特别刺眼。

采访组3人来到设在华蓥煤矿的抢险指挥部，南充地委、行署主要负责人康咸熙、李慎宽正召集有关人员研究进一步控制险情，处理善后工作的措施。

刚从山顶下来的地质专家夏克忠、李兆德介绍说：这次滑坡是因暴雨严重引起的突发性自然灾害，发生在海拔805米处，滑坡前的2个小时内降雨172毫米，远远超出了特大暴雨的标准。连日来，处在浸泡之中的浮土层突然下滑，滑坡面高达600多米，宽400多米，滑坡的土石达100多万方。

刘文遂后来回忆说，当晚夜里11时，在离滑坡现场不到200米的前线指挥部发稿时，依然可听到隐隐约约的石块泥土下滑的霍霍摩擦声，这说明局部滑坡的现象仍在继续。在场专家说，如果天下雨，古老的岩层继续下滑的情况可能随时发生。

7月12日天刚亮，才从夜色中醒过来的马鞍山似乎还没平静，局部岩层零星滑坡仍在继续。采访组3人与19名武警官兵一道，在当地民兵带领下，踏着泥泞的路面，跨过横七竖八的树木，沿着1050米长的斜线，艰难地向海拔1011米的马鞍山滑坡中心区进发。

脚轻手快的甘远志跟着武警脚步，处处往前冲。在山脚下200多米的地方，红旗煤矿 07 号卡车持续亮了 30 多个小时的车头灯，还闪着橘黄色的微光，就像一只死不瞑目的眼睛，望着残破的宿舍楼。甘远志与身边的武警战士一样来到被冲毁的房间察看损失情况，目睹了遇难者的尸体。

越接近滑坡中心区，眼见被毁的房屋和从中掏出的尸体越多。在海拔 750 米的一块缓坡处，甘远志将风油精涂在口罩上，这对抵挡难闻的恶息味有相当帮助。他把这简易驱臭法迅速传授给谢奇和刘文逵。

当武警战士分成 4 个战斗小组，用铁铲在泥土中挖掘、寻找 "7·10" 滑坡遇难者时，摄影记者谢奇忙着挑选角度拍照，甘远志和刘文逵则寻找知情人探访滑坡时的情景，采访本上密密麻麻的记录，"复原" 了当时的部分场景：

10 日午后 1 时 30 分左右，大雨滂沱，突然间，马鞍山腰轰隆隆的巨响像排炮炸响一般，岩土飞溅到 200 米外，一股黑烟冲天而起。此时，机关、厂矿企业职工大多正在午睡。从 700 多米的高山腰发出响声到下面房屋倒塌约 10 分钟光景。

溪口水泥厂车队一幢 4 层楼的宿舍，其中被压埋进 52 人，还有 16 辆大卡车；重灾区的马鞍坪村，村小学和茶场被埋得无影无踪，受灾的 27 家农户，有 8 户 22 人死绝，其余 19 户共死亡 55 人。被深埋的人中，还有川煤 12 处机修厂 22 人，溪口粮站 27 人，红岩煤矿 9 人，岳池罗渡搬运社 30 人，川煤车队 2 人，溪口镇干部 1 人，溪口镇税务所 1 人。221 个鲜活的生命被活埋进了泥土中。

甘远志与刘文逵分头收集滑坡发生前后的抢险救灾动人事迹。他们掩住难闻的尸臭味，不仅坚持抵近观察灾情，更多的是向参与抢险的当地武警干部战士、场镇上的工矿企业职工和干部群众详细了解各种情况，不厌其烦地追问细节。

甘远志几次恶心发呕，但他强压住生理反应，与灾民心贴心，以高度的责任心，去完成一名记者书写历史的重任。这次特大滑坡造成的人民生命财产的损失在国内是罕见的，但对外的新闻报道，前3天就只有《南充日报》一家，责任自然重大。

在这特大自然灾害面前，甘远志全身心投入采访，千方百计去捕捉和描写共产党员和基层干部在灾难面前的高尚情操和美好品德。

下面是甘远志采访到的细节：

10日上午10时，溪口镇获知在山的另一侧的马鞍村4、5社将出现泥石流，镇妇联主任黄玉兰、原村党支书杨清文及其15岁的儿子杨建华冒着大雨直奔山顶，通知那里的村民立即转移。4、5社在滑坡中仅死亡2人，而黄玉兰、杨清文和他的儿子却不幸遇难。杨清文家中只留下了老母、妻子和3个儿女。

那天夜里，在溪口镇实习的大学生——镇长助理、四川师范学院地理系学生罗强从其他村上防洪回来，听说马鞍坪村发生特大滑坡，就和镇上干部打着电筒往山上爬，山腰上还有几户人家不愿走。有个老太婆被扶到屋外面，还喊叫着要干部们赔柜子。正在这时，再次滑下来的岩层吞没了她的房子。

华蓥煤矿保卫科长伍志平等人看见镇粮管所里两个燃烧的菜油罐已发出吱吱啪啪的声音，便用灭火器、泥土等灭火，在武警的配合下，很快控制住了险情。

驻守川煤12处的武警成都一支队二、三中队的46名新战士9日晚才到驻地，第二天就投入了抢险战斗，有的战士受了伤也不下火线。由于武警战士、公安干警争分夺秒奋力抢救，几小时内抢出粮食80多吨。

天黑了，甘远志才与谢奇、刘文逵一块下山。灾区的夜晚是不平静的，人的神经几乎都处在极度紧张之中。刘文逵回忆说，白天看到被挖出的残缺尸体，不仅恶臭难闻，而且到了晚上总会浮上心头，好在夜里睡得晚，不到12点，稿子很难弄完；白天既紧张又劳累。

从滑坡现场回来，其他人可以松一口气，吃过晚饭，倒头就睡。采访组的3位记者回到矿务局招待所，战斗才真正开始。刘文逵和甘远志轮流执笔，把白天采访到的细节往一块凑，一边凑情况一边写稿子。

稿件写好后，往报社传稿又是一桩难事，因为电话经常掉线。一般是晚上10时左右通过电话约定编辑部的同志接听抄写。这边吼着一字一句念稿子，那边编辑部还嫌声音听不清，让再念大声点。几天下来，甘远志和刘文逵都成了沙喉咙。

7月13日清晨，甘远志被噼噼啪啪的雨点声惊醒。"如果天下雨，继续滑坡的现象可能随时发生。"职业敏感驱使他一骨碌跳下床，迅速接通了华蓥市的电话。

"喂，请接市气象局。"

"华蓥没有气象局。"

"那接气象站。"

"我们这里也没有气象站。"话务员同样肯定地回答说。

甘远志便将电话打到华蓥市防汛指挥部，询问当天雨情，值班员的回答仍然令人失望。

最后，通过长途电话在南充地区气象局得到"13日是阴天，有间断小雨"的天气消息。是小雨，不是大雨，甘远志紧张的心情得以舒缓。

这次大滑坡，甘远志与刘文逵共同合作采写了《洪灾区采访记》(7篇)，完整、全面、翔实地记载了华蓥山大滑坡这一具有世界影响的特大灾难。这组报道获当年全国地市报好新闻二等奖。

7月21日，《人民日报》刊发了甘远志他们采访组的3幅照片和1篇3000多字的通讯《华蓥大滑坡》，对此重大自然灾害做了突出报道。

当年底，南充地委、地区行署表彰"7·10"大滑坡抢险救灾先进集体，《南充日报》采访组榜上有名。

→ 为"战斗功臣"讨回公道

★★★★★

1987年初，解放军成都军区某师政治部向全师通报表彰了某团一营营长孙成毓不顾个人安危、见义勇为、主动维护社会治安秩序的事迹，号召广大指战员向他学习。师党委决定给他记三等功一次。

3月5日，在全团召开的庆功大会上，团领导宣读了师政治部的表彰通报。师领导向孙成毓颁发立功奖章、证书时，这位英俊魁梧的山东汉子眼里闪动着晶莹的泪花，半年前，他挺身而出勇斗歹徒，却遭遇种种磨难。若不是《南充日报》记者甘远志、张松林仗义执言，并追踪采访到底，会有今天的荣誉吗？

想着这些，孙成毓竟泣不成声，透过泪花，他仿佛看见甘远志、张松林也挂上了军功章。这军功章也应有他们的一半。

1986年8月下旬的一天，在对越反击战中荣立二等功的成都军区某团一营营长孙成毓住在陆军51医院疗伤。此时，甘远志听朋友说，解放军部队一位营长在长途汽车上见义勇为被歹徒打伤住院，告状不被理睬，便辗转找到孙营长所住的医院。

甘远志说，孙营长，你是英雄啊，南充人民要向你学习！

"还英雄，差点被坏人打残废了。向南部县法院提起民事兼刑事诉讼，人家都不理睬呀。"

孙营长接着诉说了下面这段令人荡气回肠，也令甘远志不得不为英雄拍案而起的故事。

1986年8月18日清晨，孙成毓乘坐绵阳市旅游出租汽车公司的客车前往南充市。中午12时40分，车经南部县大河乡，该乡一村青年农民黄芝鹏和其妹夫李德和强行搭车，女乘务员进行劝阻，反被李德和使劲扭拧双手。驾驶员前去调解，又被黄、李二人拖下车去反扭着双臂，拳打脚踢。

当地七八个与黄、李熟悉的小伙子也冲过来，不问青红皂白伙同围攻推打。过路人和乘客只远远站着围观，不敢上前制止。眼看交通堵塞，事态扩大，坐在车上的孙成毓迅速跳下车，对黄、李等人进行劝解和批评，但话没说完，黄、李等人即放开驾驶员，围住孙成毓大打出手。这伙人连击孙成毓的背部、腰部。其间，黄芝鹏朝着孙成毓的右肋猛踢了一脚，造成孙成毓右肋骨骨折。

午后1时许，黄、李等人自恃与当地乡政府的关系，反拧着孙成毓的双臂，将其拖到乡政府院内继续辱骂、抓扯。

眼见挺身而出、见义勇为的解放军干部被歹徒抓走，客车驾驶员、乘务员和十多名乘客挤进乡政府院内的包围圈，要求把孙成毓放了。黄、李等人拒不答应，还恶狠狠地喝斥说："滚开！少管闲事。这个军人就是管多了，才有

这样的下场!"

这时孙成毓捂住疼痛的右肋要求上医院看伤,黄、李等人仍然围住不放。

午后2时许,嘈杂的喧闹声吸引了上百名群众围观,但并没有把在乡政府午睡的值班干部吵醒。围攻、扣留军人的事件,还在乡政府大院内无法无天地持续。

客车乘务员见情况危急,忙给距离乡政府14公里的大桥区派出所打电话求援。但接电话的派出所所长冷漠地说:"我们没有人,不能来。这个事由大河乡本地解决。"说完,挂断了电话。

无奈,驾驶员、乘务员和几名乘客只好驱车前往12公里外的建兴区求救。

下午3时多,乡政府那位值班干部才睡眼惺忪地边穿衣服边打开寝室门,招呼孙成毓和黄、李二人到屋里,简单地询问了事情经过。这时,孙成毓又提出放自己走,但黄、李不肯,还趁机敲竹杠:"不拿20元钱,就扣到不准走!"

下午4时许,驾驶员等人用客车接来了在建兴区值勤的南部县交通监理所、建兴区交通管理站的4名同志。后者批评了黄、李等人，他们见事态严重，又给县公安局打电话，请求派人解决。

傍晚6时，县公安局两名干警赶来，责令黄、李等人放走孙成毓，事情以后处理。

晚上7时40分，这辆被迫停留了7个小时的客车才载上包括孙成毓在内的50名乘客，向80多公里外的南充市驶去。

到南充后，孙成毓疼痛加剧，被送到陆军51医院就诊。经检查，确诊为右肋第8肋骨骨折，左右胸壁和上肢软组织挫伤。接诊医生立即将他收入医院住院治疗。

住院期间，孙成毓所在部队派人了解情况后，帮助孙成毓写了起诉书两次送给南部县法院，要求依法惩处肇事者，但是南部县法院迟迟不派人调查审理。

甘远志听孙营长述说完后，当即表示：见义勇为是一个军人的责任与光荣，疾恶扬善也是记者的责任与使命，这件事一定要弄个水落石出，还英雄一个公道。

甘远志将这件事向报社采访科副科长张松林进行了汇报，张松林又与甘远志一块到医院再次听取了孙营长的情况介绍。

据张松林回忆：当时批评报道很难搞，首先掌握材料就非常困难，要找到当班司机、乘务员和部分乘客，若没有这些人的证言，报道的稿子也很难发。他就问甘远志，搞批评报道是要有耐心的，你能不能坚持下去？

甘远志回答说："张老师，孙营长是自卫反击战的英雄，当人民群众生命受到威胁时，他能挺身而出，我们当记者的无非是把事情调查清楚就行了，完全办得到。"

张松林说，后来这个采访是我带着甘远志做的，前后采访了南部县大河乡、南充市汽车站、汽车公司、陆军51医院。因为客车司机跑绵阳、成都，很难找到。甘远志这个小伙子不错，他非常能吃苦，本来一般采访一个星期就够长的了，这次采访整个花了二十七八天。

张松林说："我一共见了孙营长两次，一次是在医院，另一次是他来报社，话没说两句他就掉眼泪，我很难过。"

张松林后来回忆起那段时间的采访，仍记忆犹新，十分感慨。他说，和远志白天采访，有时晚上也出去，非常辛苦。为了采访那位客车司机，就在汽车站守着长途车等着。那时没有手机,没有办法联系他,也不知他几点到站,饿了买点干粮吃。

后来那位客车司机很感动,说记者能主持正义,等他都等到夜里12时,就应该为这个解放军主持正义。乘客不好找,那位客车司机认识一些乘客,他提供了很多材料,和乘客一起写了一个证明给公安局,叙述了当天车上车下发生的事情,还找部分乘客签了字。

1986年11月8日,甘远志到南部县法院采访时,孙成毓的诉状原封不动地锁在刑事庭长的文件柜里。问其原因,答曰:"刑庭事情多,人手少,没有时间搞这个案子。"

甘远志对县法院办案人发了火:你们这是什么工作态度,还有没有正义感?你们执法者的良心天平怎么倾斜了?受伤害的解放军干部是在前线打过仗、流过血的功臣啊!他在长途客车上见义勇为,一车人看见歹徒打人,谁站出来了?孙营长站出来主持公道,现在他肋骨被打断,我们还能无动于衷吗?

此后,甘远志又多次去南部县法院催促孙成毓的案子,并把自己采访得来的线索和证人情况介绍给法院的有关法官,为他们办案提供了调查线索。

后来,甘远志、张松林又把孙成毓的遭遇向南充地委有关负责同志进行了汇报。

11月21日,南部县法院开始派人调查、审理此案。

由于甘远志、张松林的调查扎实,为法庭的调查、取证做了较好的准备工作。12月20日,法院开庭审理了此案,以故意伤害罪判处黄芝鹏有期徒刑3年,并判处黄芝鹏与李德和共同赔偿孙成毓的医疗费用。

1987年3月27日,《四川青年报》一版头条刊发了张松林、甘远志采写的《孙成毓见义勇为遭殴打事件终于得到处理,凶手黄芝鹏被判刑三年》的稿件,其后,《南充日报》也刊用了此稿。

蚕"吃"不了人

★★★★★

1988 年，国内主要蚕茧生产基地产量下滑，但南充地区蚕茧生产却喜获丰收，地区茧丝绸公司统计数据显示：全年收购春茧 10379 吨，夏茧 6446 吨，两季共比去年同期增收 1111 吨。蚕农茧款收入达到 2 亿多元，同时，上半年停工待料的 10 多家丝绸行业数千名职工无事可做的状况也得到了根本改变。

从春茧到夏茧，价格一路看涨，不断突破历史新高。南充地区蚕茧生产一枝独秀，在人们欣喜之时，不规范的市场出现了不和谐现象——边界地区燃起了"蚕茧大战"的烽火，价格大战枪炮齐鸣，引起了各界广泛关注。

一些地方的蚕农忧心忡忡，价格大战这样打下去，个别见利忘义之人，竟把正在缠丝的茧子提前摘下，导致茧子质量下降，败坏了南充优良茧的口碑。再说，价格这样一路高下去，农民都争着栽桑养蚕，粮食生产用地得不到保证，农村人城里人饿肚子可是早晚的事，这不是"蚕吃人"了吗？

怎样正确引导舆论，发展农村经济大好形势。已担任报社编辑的甘远志收到了不少读者来信，也开始思考各种观点，他对编辑部带他的老师王为说："当前各界干部群众对眼下的'蚕茧大战'有各种想法，思想比较混乱，我们编辑部能不能选发一些读者的各种观点，让这些想法在报上交锋，道理就会越辩越明，也就起到了一种引导作用。不知行不行。"

王为说："这种想法好哇，不仅可以活跃版面，也可以为领导决策提供依据。这对于帮助人们认识蚕桑生产在振兴南充经济中的地位和作用，正确处理好粮、经关系很有启迪意义。"

甘远志和王为经过多次商议，决定为此开个专栏，议定出的栏目名字就叫"'蚕茧大战'多棱镜"。此栏目前后共刊发稿件 20 多篇。

10 月 21 日该栏目刊发营山县柏林乡蚕农袁年聪的来信《蚕茧价格战何时休》。

这位蚕农在来信中说，今年蚕茧收购价格比哪年都高，但价格不稳定，时涨时落。比如，营山县柏林乡与仪陇县板桥、三河乡等乡镇交界处，几个蚕茧站互相争夺茧源。柏林茧站收购价每公斤涨到 12 元，远远高出省政府物价部门明确规定每公斤标准茧 8.5 元的价格，但仪陇县三河、板桥乡收茧站价格涨得更高，已达到每公斤 13 元。现在的价格真是变幻莫测，面对早上一个价，中午一个价，有时傍晚还换一个价，以及人多时一个价，人少时又一个价的风云突变，蚕农总想卖个好价钱，只好在这些茧站之间疲于奔命。

袁年聪说，茧价今天涨，明天跌，叫人摸不着头脑，直接损害了农民的利益，希望建立一个既方便又公平的蚕茧市场。

10 月 25 日的"'蚕茧大战'多棱镜"，通过一篇《"蚕茧大战"烽火记》展示了"蚕茧大战"更为直观的实况。

《"蚕茧大战"烽火记》实际是甘远志深入基层的一次采访，当时因为诸多原因，便署名通讯员刊发。

10 月某日，A 县一茧站临时收购点，给蚕农票面上开出的收购单价是每公斤 8.5 元，结算时则另补给 2.5 元，另一茧站在每公斤 10 元的基础上，另返给半公斤碳铵。与 A 县相邻的 B 县蚕农纷纷将茧子送往 A 县销售。

次日，B 县副县长、物价局长、蚕业局局长一行前往 A 县，同 A 县政府有关领导就两县边界茧价问题达成协议：A 县表示采取三条措施，立即熄灭战火。一是县物价局马上派人查处这两个茧站；二是控制贷款，迫使停止抬价抢购；三是由工商部门核查两个茧站的全部茧子。

然而，和谈的第二天，争夺战却不断升级，A 县一茧站连续提价 3 次。早上开秤每公斤 11.5 元，中午涨至 12 元，下午再涨至 13 元。一些茧站甚至挂出 19 元的收购价。

这天下午，B 县政府将情况传真报告南充地区行署，请求派人到现场解决。

与此同时，B县的一个边界茧站把收购价仍然提高到了每公斤12.5元。

三天后的上午，A、B两县政府达成协议，从次日起，双方蚕茧收购价必须降到地区蚕茧收烘工作会议规定的标准，并互派监察员，谁突破一次，由地区物价局罚款2万元。

甘远志在文中问道："蚕茧大战"总该偃旗息鼓了吧。但他接着又叙述道，其实不然，第二天，B县茧站的收购价也拉升至A县的价位，但基本上没有茧可收。A县茧站又出了新招，用两辆大卡车在A、B两县公路一线把卖茧的蚕农拉到A县腹地茧站，以每公斤13至14元收购B县茧子。以毒攻毒的蚕茧争夺战，就这样你一枪我一炮地干上了。

怎样应对"蚕茧大战"？甘远志组织刊发了南充地区计委和地区信息中心的稿件：防止"蚕茧大战"的六条对策：加强对全行业各个环节的宏观指导，施以行政协调和必要的行政干预；严明纪律，坚决打击购销活动中的违法行为；制止丝绸企业盲目上马，建立蚕茧发展基金制；加快丝绸企业技术改造步伐，增强消化涨价因素的能力；丝绸企业要大力开发混纺新产品，减轻生丝缺口的压力；在外贸部门建立茧丝绸行业风险基金制，防止茧丝绸生产的大起大落。

"蚕茧大战"轰轰烈烈，是否会影响到粮食生产，12月7日，甘远志约请在南充地区享有农村问题"博士"之誉的地委政研室李盛文撰写了《发展蚕桑不会导致"蚕吃人"》。

李盛文对"蚕茧大战"分析道，有人担心"明年可能烽烟重起"，但更多的人从中得到了启示："抓住机遇，发展蚕桑，从根本上熄灭战火"；也有的人忧虑大栽桑树会不会"蚕吃人"。

李盛文认为，只要善于审时度势，因势利导，从发展蚕桑生产入手，不仅能消除"大战"之苦，也能避免"蚕吃人"之忧。其理由有三个方面：一、"蚕茧大战"的根本原因是供不应求，解决的办法只能是发展生产；二、发展蚕桑生产有利于发挥南充的传统经济优势；三、蚕桑生产与粮食生产并不矛盾，处理得好完全可以相得益彰。当前，发展蚕桑生产的时机很好，农民有强烈的致富要求，有栽桑养蚕的良好习惯，全地区有9亿株桑树和2.5亿株桑苗的物质基础。我们的方针应该是，巩固提高四边桑，认真办好小桑园，积极发展间作桑，消除"战火"的苗头，力争粮食生产与蚕桑生产走向双赢，取得双丰收。

生产者的实践，是最有力的说明，蚕农们的蚕茧和粮食生产双丰收，是最确切的结论。1989 年 1 月 17 日，甘远志把地区"三户三专"会议上，西充县罐垭乡 9 村党支部书记梁飞、蓬安县河舒镇 3 村农民陈泽勋、岳池县兴隆乡 5 村农民方全明等几位从事蚕桑生产的代表发言汇集成篇《来自实践者的声音——关于"蚕吃人"座谈讨论纪要》，作为这组"'蚕茧大战'多棱镜"专栏的结束。

➜ 鼓励先致富的农民带头多修桥

☆☆☆☆☆

四川古为内海，盆地内长江、金沙江、岷江、嘉陵江、沱江等大江大河上气势如虹的大石桥、钢架斜拉桥皆蔚为壮观。但盆地内成千上万的小河小溪，虽然滋润着巴蜀大地，养育着沿河两岸芸芸众生，但这些小河小溪却阻隔了两岸交通，给乡村间带来了极大的不便。

特别是夏秋之时，暴雨成灾，平时温柔多情的溪河顷刻间变了模样，往日踩水能过的地方，一夜间却急流汹涌，成了难以跨越的天堑。

川北嘉陵江流域内更是溪流纵横，每年夏秋时节，总有溺水身亡的惨剧发生，演绎出不少人间悲剧。

甘远志在西充县采访时，听当地干部讲述了该县乡间一条叫占山河的溪流带给沿河两岸乡亲们许多难以承受之痛，他为乡亲们渡河难而扼腕叹息。回到编辑部，他把这些悲凄的故事讲给同事们听。

西充县城外六七公里处的票子坝，一条宽不过 30 米的占山河几乎让这里的百姓伤心欲绝。每遇涨水时，乡亲们为了过河，有人用汽车内胎、木盆蹚水，还有的把打谷用的木拌桶也推到河里，一切能够渡河的工具都成了"船"。但这些所谓的渡河"工具"，稍稍使用不慎，就险象环生。1977年到1989年，附近110人次落水，其中8人死亡。

1985年10月，一位家住此地的退休干部回乡筹集资金修桥。不料，这位退休干部和他的孙子不幸落水身亡。

占山河带着说不清楚的感情流淌着，票子坝的村民开始一次又一次地向有关部门反映情况。

1989年10月25日，票子坝的9名共产党员和2名退休工人代表几千村民再次来到县政府诉说建桥的心愿。那天刚好是县长接待日，副县长刘荣志接待了他们，瞧着一双双渴望的眼睛，这位副县长也被深深感动了，他与这些村民代表们讨论了建桥的多种方案。最后提出了用群众集资投劳、国家资助建设的办法帮助当地群众达成建桥的愿望。

村民代表们回村后，立即发动群众集资，不几天就凑了好几万元，还破土动了工，摆开了修桥的战场。

12月7日下午，霏霏细雨中，刚做完手术出院不久的县长杨兴普、副县长刘荣志带领县交通、水电、安办等部门负责人来到了票子坝建桥工地现场办公。当了解到村民已每人集资80元，加上劳动力折资，还差20多万元时，县长杨兴普当即与有关部门商议，差的款由县上给予补助。

建桥工地上的村民们听完县长杨兴普的决定，顿时欢呼起来，"共产党好，人民政府亲！"的口号声在雨中响起，工地上的劳动号子在寒风中一声高过一声。

甘远志讲完故事，编辑部的同事们都感叹不已。他说，现在农村一些地方先富起来的农民，手里有了钱，却热衷于修庙建祠堂，钱用的不是地方，如果能动员先富起来的农民把钱用来办公益事业，如修路建桥，既为政府分了忧，又为乡亲们解了愁，肯定是一件功德无量的好事。

听了甘远志的想法，报社采访科刘忠林说，发动先富起来的农民带头捐钱捐物确实是个好办法。他讲了自己家乡先富起来的农民祝启安捐款修桥的故事。

1987年2月，蓬安县石梁乡农民祝启安在西藏从事建筑业回到故乡，眼见金溪河水奔涌，乡亲们到镇上赶场，得绕行十多里地，过去家家户户穷得叮当响，绕着走就绕着走，多花点时间无所谓。可现在包产到户，乡亲们去场镇上买这买那，就感觉时间金贵了，大家都渴望在河上建一座石拱桥。

祝启安就与家人商量，家人也通情达理，富了就要造福乡邻。他把这想法给乡政府一讲，也得到支持。当年祝启安投资 21 万元的石拱桥便开工了。1989 年秋，经过近两年的施工，一座长 60 米、宽 6.5 米、高 33.5 米的石拱桥就像彩虹一样横架在了金溪河上。

有人问祝启安："你为啥要拿出这么多钱来修桥？"他笑了笑说："嘿，还不是这两年有钱了嘛。""有了钱就是修桥的理由？""格外还有啥，就图个乡亲们来往方便吧。"祝启安望着桥欣慰地笑了。

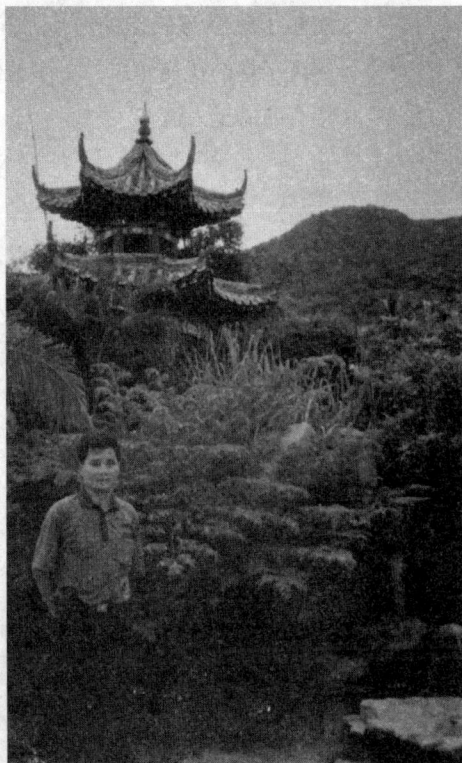

1989 年 12 月 31 日，甘远志汇集了报社记者和通讯员关于南充各地捐款捐物建桥的稿件办了一个专版，作为报社献给全区农民的新年礼物。

甘远志在专版《岁末话修桥》"编者的话"里写道：桥，《辞源》仅用了简单的"桥梁"二字做解释，《辞海》也只是进一步阐释说它是"架在水上或空中以便通行的建筑物"。然而，在现实生活中它却是一桩大事，涉及方圆几公里以至几十公里外的百姓生活和命运，这就使得修建成了异乎寻常的事。于是，古人称修桥为积德之善举，赋予了消灾延寿的神力。

这里讲的桥，固然没有赵州桥那样具有跨时代的意义；这里讲的故事，也没有传说中鲁班修桥那样具有传奇特色。但那些"架在水上或空中以便通行的建筑物"缩短了此岸与彼岸的时空，拉近了人与人之间的距离，体现了党的优良作风，更多地体现了时代的风采和川北特有的风土人情。

➡ 云南"前线"感悟生与死

★★★★★

1988 年 1 月 5 日，驻防南充地区飞机坝的成都军区某团奉命赴云南前线轮换驻守麻栗坡县"老山"的部队。当地干部群众敲锣打鼓欢送子弟兵上前线，出征的军车在市民们夹道欢送下，缓缓前行，甘远志站在车上使劲挥动双手，向前来送行的报社同事们致意。

为了上"前线"考察采访军旅生活，甘远志 1987 年底通过报社向部队申请地方媒体记者到军营采访体验生活，并获得批准。甘远志被安排在团宣传股担任随军记者。

当晚，甘远志就和奔赴前线的部队官兵们在襄渝线上的广安火车站登上军列，经重庆、成都再转成昆线，向着云南前线进发。火车到昆明后，又转乘"米轨"小火车至开远附近的终点站。

1月12日午后，甘远志随部队转乘汽车进入距砚山县城几十公里外一个叫"叉路口"的战前训练点，进行轮换阵地前的战前强化训练。

"叉路口"是一个小坝子，四面环山。从砚山去麻栗坡的公路边上几间破旧厂房成了全团官兵们的宿营地。部队大部分官兵搭帐篷宿营。

冬春时节的云南高原，夜里寒风飕飕；白日里，气温回升很快，山谷里，湿气弥漫，蚊虫乱飞，山蚂蟥让人防不胜防。

"嘟嘟……哒哒……"军号声在清晨的寒风中响起。甘远志与战士们一样迅速起床，迎着晨雾向操场跑去。"一连的向右看齐！""三连的向左转，跑步走！""二连的听好了，向右转，齐步走！"阵阵哨音，此起彼伏；"一、二、一，一、二、三、四"的口号声在高山坝子上空回荡。

青春朝气，生龙活虎，同仇敌忾，保家卫国的责任，此时，正以热血喷涌的形式展现在这群中国军人身上。他们的青春与朝气融化了南国高原冬日清晨的雾霭，迎来了又一个旭日东升的黎明。

上战场，一个古老的话题。与敌人真枪实弹地干，也是一个生与死的话题。甘远志与这些就要上前线的年轻军人生活在一起，他虽然清楚，自己不会真正去面对敌人的枪口，但他清醒地知道，就是眼前这批军人，他们很快就会为了保卫祖国的安宁，去到国境线上，面对敌人的枪口。

自己能够为眼前这些军人做些什么？甘远志想，作为一名随军记者，不能当看客，要深入心入，用心去体会战士们此时的心情。他下的第一个决心就是与战士们同甘共苦，争取多参加一些训练科目，鼓舞战士们的士气。

平时训练多流汗，为的是战时少流血。在战前练兵中，甘远志作为前线随军记者，活动面宽，他始终坚持每天深入战术场、射击场、投弹场、夜间训练场，不仅去感受训练气氛，还积极参与训练。甘远志练得最多的是射击瞄准，步枪、冲锋枪，白天练，夜里还练；练甩手榴弹，他一气能甩出10多枚，膀子甩肿了，夜里便用热毛巾把膀子敷上。

甘远志还与部队一起参加战地紧急疏散、防空防炮火袭击演练、战地自救互救训练、战地野炊训练等。

与战士们一起摸爬滚打、翻山越岭、穿插迂回，甘远志的衣服裤子被山岭里的荆棘划破了10多处。一营营长陈玉见此情景，把自己的作战训练服送给甘远志穿上。

甘远志说："谢谢陈营长，你太关心我了。"

"你到了部队，我们就是一家人了，不必客气。"陈玉回答道，"需要我帮你做些什么事，请尽管说！"

甘远志说："宣传股的同志对我很照顾，没什么需要帮助的。我能否问你一个问题，我认为有点尖锐。"

陈玉笑着回答说："只要不涉及军事机密，尽管问好了。"

甘远志的音调很低，轻声问道："陈营长，1979年你就上过一回战场了，你很英勇，死神与你擦肩而过，毫发未损。你在战场上真的不怕死吗？"

陈玉略微沉思了一下，哈哈笑道："谁不怕死？都是爹娘生养的。但军人上了战场，首先想到的就是责任，养兵千日，用兵一时。你知道，军人以服从命令为天职，保家卫国，没有怕与不怕的问题，当祖国需要的时候，就义无反顾地冲上去，视死如归，这不是大话、假话，而是一个军人光荣的职责。"

甘远志又继续问道："战士们大多20岁左右，他们的同龄人有的眼下正坐在大学教室里，还有的在工厂、矿山，或者公司、商场享受着和平带来的美好生活。战士们有没有感到亏了的想法？"

陈玉回答说："战士们有一句响亮的口号，叫作亏了我一个，幸福千万人。正是因为战士们承担了保家卫国的责任，他们的同龄人才会有学可上，有工作可干。祖国的安宁是战士的责任，不是一句口号，是一种真情奉献。"

甘远志又问道："战场上怎样才能避开死神，光荣凯旋归来？这可是每一个军人亲人的期盼。"

陈玉回答说："这可是一个不好回答的问题，我也没办法答好这个问题。不过，俗话说，艺高人胆大，首先得有着良好的军事素养，其次，一定要听从指挥，眼观六路，耳听八方；反应机敏，沉着应对瞬息万变的战场敌情，才能减少牺牲。我们上战场前，来这里训练，就是为了使每一个战士都能活着回来。"

甘远志若有所悟："哦，你讲得好。战前多训练，多流汗，不仅是为了赢得战斗的胜利，也是为了保存自己。"

1988年1月28日，在红一连组织的手榴弹实弹投掷中，在连长杨兴文辅导下，甘远志投掷了2枚手榴弹，一枚48米，一枚52米，不但投得远，而且投得准，达到了优秀。

在三连组织的夜间射击中，甘远志同排长胡秀建一起用冲锋枪比赛夜间对闪光目标200米射击，两人均获得优秀成绩，战士们的掌声让甘远志感到无上荣光。

一个小坝子，突然聚集了上千军人，原本水源就不充裕的"叉路口"的饮用水，此时显得十分珍贵。不能与民争抢水，这是部队铁的纪律。为了保证生活用水，部队战士们把汽油桶改装成水桶，到几十公里外的地方去取水，有时为了先得到水，一些连队发生抢水事件，甘远志就积极去协调。

陈玉回忆说："甘远志在各个连队之间跑得多，上上下下认识的人也多，连队干部战士都很尊敬他。有时甘远志还与战士们一块到很远的地方运水。好几次，不同连队之间的战士争水桶，争先接水发生冲突，甘远志积极出面平息矛盾，受到连队干部好评。"

为了活跃部队战前文化生活气氛，甘远志不仅和政治处的同志一道组队与司令部篮球队进行友谊赛，他还经常担任营团组织的篮球赛裁判，与连队官兵打得火热。

甘远志在前线采访期间，多次帮助战士们拍下了有特别纪念意义的战前训练照片，留下了美好的青春倩影。一机连班长陈启军拿着甘远志拍摄的照片感激地说："我马上将照片寄回家中去，我的爷爷、奶奶和父母就不会担惊受怕了。"

2月2日，部队战前训练仍在继续，根据上级安排，甘远志一个月的采访体验生活就要结束了，就要离开朝夕相处刚刚认识一个月的战友。怀着依依不舍的心情，甘远志与战友们道别。一声珍重，话语几多哽咽。喜欢唱歌的甘远志便以歌声表达了他的分别之情。

甘远志豪迈又亲切的歌声在那片山谷中久久回荡：

走向打靶场

高唱打靶歌

豪情壮志震山河

子弹是战士的铁拳头

钢枪是战士的粗胳膊

阶级仇压枪膛

民族恨喷怒火

瞄得准来打得狠

一枪消灭一个侵略者

消灭侵略者

从云南"前线"回到南充，甘远志费了很多周折，将部队干部们托付捎带的信件，一一送到这些干部亲属们的手中，并介绍了很多"前线"的情况。干部亲属们听说官兵们训练刻苦，各项考核成绩都达到了上级要求时，纷纷表示决心在后方更加努力工作，让"前线"官兵们放心，替国家守好南大门。

⊙→ 青春朝气激荡新文风

★★★★★

冬日，清晨的嘉陵江上薄雾缭绕，南充日报社冬泳队员，一个个如蛟龙，在江水中劈波斩浪，嬉戏击水。甘远志一会儿蝶泳，一会儿又踩水漫游，胜似闲庭信步。蛙泳时，则以青春爆发力卷起串串浪花。有时还会扎下一个猛子，时而屏息静气，潜游水底，时而又浮出水面。

傍晚时分，报社篮球场上又称得上是单位绝对最热闹的地方。甘远志虽然个头不足 1.70 米，但他不仅是最痴迷的篮球爱好者，还是最热心的组织者。每逢周末，甘远志经常联系并带队与地区医学院、地区丝绸厂、肥皂厂等单位篮球队进行友谊赛，不仅锻炼了身体，增进了友谊，还为采访工作打下了坚实的群众基础，成了联系采访对象的一种很实用的纽带。

1986 年甘远志担任南充日报社团总支副书记后，为了活跃青年职工生活，他先后在报社组建了冬泳队和篮球队，并担任队长，在两项业余体育活动中冲锋陷阵，当排头兵，把报社原本较为沉闷的青年人的业余生活搞得红红火火，让附近一些单位的年轻人看了都眼馋极了。

华蓥山的多次野营，更让报社的青年人接受了一次次红色革命传统的洗礼，寓教于游，寓理于乐。南充市附近的华蓥山，林密沟深，曾经是川东地下党的大本营，双枪老太婆、江姐的故事感染了一代又一代的中国青年。甘远志带着报社的团员青年到华蓥山野营，既接受传统教育，又让青年们感受到祖国大好河山的壮美与多姿，既增长了知识，又陶冶了

△ 甘远志在天安门前留影

青年人的情操。

青春的朝气在报社荡漾，火热的激情更推动采编工作变了模样。甘远志四川大学中文系毕业时，原来分配单位是北京某部委属下的一家全国性大报，但热爱家乡的情结，却让他争取回到了川东北的南充日报社。在报社，甘远志拜张松林为老师，张松林问他，为什么不去北京，要到南充这个小地方来，当时南充人到成都工作都不容易，还要进城指标，你图个啥？

甘远志回答说，南充是家乡，现在不是寻根嘛，当记者可以对家乡有更深入的了解。过去一直在外面读书，对家乡也没有做什么事，觉得自己文字还可以，在家乡做些新闻工作也算是一种报答吧。

甘远志的老家在广安县，母亲在广安县缝纫社工作，报社的单身宿舍就是家。报社是解放前盖的房子，两层楼，楼上是编辑科、采访科的办公室，楼下是宿舍。甘远志与几个年轻人住在一块儿，他们中有记者，也有印刷厂的工人，相处很融洽。

南充日报社的前身是川北日报社。胡耀邦同志是川北区第一任党委书记，他对新闻工作很重视，经常组织写评论、社论。报社的业务风气非常好，鼓励钻研业务，以老带新。但传统的东西多了，有时也难免墨守成规。编辑科的前辈大多是川北日报留下来的老同志，受传统文风的束缚，年轻人想说话，发表点意见，有时候还插不上嘴。

甘远志写稿，喜欢用散文式的笔法，写消息时也试着用散文式语言写消息的导语，这对传统的新闻写作方式是一种冲击。甘远志自认为很有文采，但是稿子在编辑科的老同志那里很难通过，有不同看法，说写消息都不会写，有时一篇消息稿被改得密密麻麻，删掉很多；有时返工重写，也是常有的事。散文式的、现场式的、目击式的、叙述式的开头都不允许，必须改过来。稿子出来之后，甘远志很生气：这都改得一塌糊涂，不像我原来的稿子了。

有时，甘远志也会尝试着与老同志们沟通，他说，我这样写，是学的某某名家的手笔，你不是也崇敬他吗。经常这样软磨硬泡，甘远志一些写得比较活跃的稿子也能隔三差五地见报。有时，老同志们也觉得小甘的写作方式信息容量大，现场式的情景白描，比较鲜活，吸引人想看下去，但就是有点不合规矩。

张松林说："小甘的文笔比较好，稿件也写得形象，但刚到报社时有点学

△ 甘远志西沙采访留影

生气。他写稿喜欢用形容词，我就教他多用动词。用动词、叙述的方式同样可以描写出很鲜活的东西。因为报社年轻人、单身汉比较多，晚上我也喜欢到他们那里去聊天，讨论什么东西可以写。当记者正义感和责任感非常重要，这一点小甘是很突出，经常不吃饭都要把稿子写出来，有时候拿着馒头边吃边写。"

对同事写出了好稿，甘远志也喜欢赞赏。郭军说："1987 年南充业余歌手大赛，某歌厅选手潘春兰夺冠，我写了特写《几多欢乐几多愁》，稿子见报后，甘远志很夸赞散文式的特写结构，说这样写下去，我们的稿子读者就喜欢看了。"

1986 年夏天，全国八省市女子足球队聚会南充，参与友谊邀请赛。赛事结束后，主办方和南充地区妇联在市内的白湖公园组织运动员联欢。夜里 10 时多，参与这项活动的郭军、甘远志遥望着湛蓝的夜空，一弯新月在白云间穿行。郭军与甘远志此时都在为今夜活动选一个什么样的标题而苦恼，郭军见月牙露出云间，便轻轻念道，月牙溜出云间，来到了白湖上空。

正琢磨标题的甘远志听见郭军的自言自语后，连声大呼："'月牙儿溜出了绿荫场'，这个标题好。"不等活动结束，甘远志就匆匆赶回报社写稿去了。

1987 年底，从北京到广安县支教一年的孙立军、李勃、卢青扬带着丰硕的成果就要返回首都了。甘远志采访了他们，写了一篇散文式的通讯《太阳、绿和风》讴歌了 3 位年轻的支教使者。他在题记中写道：每个健康的人都有属于自己的思索和希望。思索，依着坎坷不平而又实实在在的大地而延伸，那，属于自己的希望呢……

甘远志在通讯中，以精练的文笔描写了北京来的支教青年人的心灵及他们的收获。几个小标题充满诗情画意："也是那个太阳吗? 也是一片属于太阳的土地吗? ""湿漉漉的山路上有一丛丛浅绿，若隐若现""这里的地心引力似乎超过了别的地方，它使心灵得到升华，又使心情变得沉重""嗅嗅那风，那风中有太阳燃烧的灼热"。

最后，他让这篇通讯的 3 位主人公都吐露了心声：一年时间如水浸过，思想却有了沉淀。

孙立军：从基层生活来看，我以往对社会的确是挑剔得多了一点，现在倒更应注意一下自己的行动了。

李勃：我最大的愿望就是最大地发挥自己的作用，这个愿望在广安支教时常得以实现。回去后，我还是准备争取去日本留学，以期发挥更大的作用。我很有信心。

卢青扬：理想不是空想，也不能空讲，它应有扎根的土壤。我的记忆将清晰地铭记着广安和那些孩子。

嗅那风，那风中有太阳燃烧的灼热。

理论之光

蓝天白云,椰树临风,海浪拍沙滩——10万人才跨过琼州海峡涌向共和国最年轻的海南省,这是发生在20世纪80年代末期的故事。

1994年秋天,建省办经济特区的海南仍焕发着勃勃生机,甘远志乘火车转汽车从四川盆地嘉陵江边的南充市来到了这个没有冬天的海岛。在中国(海南)改革发展研究院,甘远志犹如跨进了一座理论殿堂,在这里,他与中国经济学界重要人物建立了人脉关系——先后采访过于光远、安志文、杜润生、龙永图、温铁军、段应碧、樊刚等经济理论界一大批知名专家学者,并与他们中的不少人成了忘年交;在这里,甘远志面对挑战,把深奥的理论问题进行新闻式的解读,很快熟悉和适应了新的工作岗位;在这里——我国改革开放理论探讨的前沿阵地上,国内外各种学术观点不断碰撞、星火闪耀,理论之光为甘远志高屋建瓴把握中国改革开放重点、难点问题有很大帮助,使他的经济学素养有了明显提高。

7年里,徜徉在理论殿堂中的甘远志共发表了100多篇有影响的报道,其中90%以上与改革、决策相关,如《让国人了解WTO》《让农民拥有土地使用权》《就业城乡大对流》《中国首次关闭一家银行》等,被中国人民大学资料汇编收集,在经济学界引起广泛关注。在这里,他走出国门远访欧洲,没被花花世界所困惑,收获若干理论反思;在这里,甘远志实事求是、勤学好问、爱岗敬业、谦虚友善的品格给同事们留下了深刻的印象。

勤奋之花,必然结出丰硕之果。1998年6月,甘远志在这里成为了一名光荣的共产党员。

海南大特区有个中改院

★ ★ ★ ★ ★

白沙门，海南岛最北端，濒临琼州海峡，是海口市海甸岛的一个渔村。1950年4月底，这里曾被选定为解放海南岛渡海作战的登陆点，但由于气象与海流的诸多变化，人民解放军大部队最后在临高县临高角登陆成功。

1991年11月1日，沉寂了半个世纪的白沙门渔村，再度变得兴奋起来了。这个冬日的上午，时任中共中央顾问委员会委员、中国经济体制改革研究会会长的安志文和海南省委负责人一道，在雄壮的军乐声中，揭开了覆盖在中国（海南）改革发展研究院吊牌上的红绸，向世人宣布：中国第一家股份制非盈利性的社科研究机构诞生了！

来自中央各部委有关方面负责人高尚全、何康、王梦奎、童大林、吴明瑜、李慎之和著名学者史维国、胡平、王珏、周叔莲、张卓元、陈吉元等，以及海南省"四大家"领导出席了成立大会。

也就从这一天起，这个占地面积50亩，在繁华都市里难得觅见的风景秀美之处，在它的大型报告厅里、多功能厅里、别墅会议室里，总是不断有不同肤色的学者和官员云集，对中国向市场经济过渡中改革发展理论问题与现实问题，进行着高规格的研讨和培训。这里成了共和国研究转轨经济的权威论坛，并逐渐发展成了亚洲博鳌论坛的智力支持单位。

1994年9月，甘远志调入中国（海南）改革发展研究院（简称中改院）工作。其后，他既在院刊——《新世纪》周刊社工作，同时也担负着该院的对外宣传联络重任。

9月的内地已是秋高气爽，海南岛依然阳光灿烂，挺拔的椰树尽情展示着阳刚之美，多彩的三角梅姿色艳丽，鎏金花在骄阳下昂首怒放。南国宝岛尽管风光妩媚万千，甘远志并没有被秀美的景色所陶醉，心中火一样的激情是怎样尽快完成角色的转换——实现从新闻记者到理论杂志编辑的跨越。

甘远志在南充日报写的、编的是一般性的新闻报道，对办杂志还有一个新的适应过程。如何缩短这一过程，他选择了学习、学习、再学习；向书本学习，向专家学者学习。甘远志坚持学习经济学、社会学的理论知识，密切关注中国经济转型中的各类学术动态，认真思索，并以其特有的新闻敏感性，把社会关注的热点问题与改革理论探讨相结合。

每次中改院举办各类国际论坛，甘远志总以双重身份参加，即要接待来自全国各地新闻单位的记者，做好后勤服务工作，更要认真听会，吸收来自全国各地及世界各国专家学者的新观点、新阐述，编写会议主题报道，同时他还采访许多名人，如：高尚全、于光远、龙永图以及诺贝尔经济学奖获得者、美国科学院院士劳伦·克莱因教授等，为《新世纪》周刊撰写专访稿件。

周刊编辑陈所华回忆说，甘远志多少次在别人中午休息的时间，还在加班加点地赶写刊物急待发表的文章。多少个节假日他是在办公室的电脑前度过。多少个南国海岛的夜晚，他忍受着酷热，为了自己的工作职责，为了中国的改革奋笔疾书，写出了一篇又一篇可读性强，又充满哲理与经济学知识的好文章。

中改院院长助理、《新世纪》周刊主编苗树彬说，甘远志当编辑部主任的时候，杂志出版最后的环节是很辛苦的，前期他都参加了组稿、写稿、编稿、校稿的工作，杂志到最后就是印刷。当时，印刷排版技术比较落后，文字在中改院商务中心照排，图片出菲林在海南日报，图片一张一张地拍，菲林出来后要对着清样一张一张地贴。杂志每月最后出版那天晚上，甘远志肯定带着妻子一起在报社工厂熬到深夜，细心地、负责任地检查、校对后才算放心。此时，往往已是次日的清晨，他和妻子就在路边大排档美美地吃点面条，迎来又一个旭日初升的日子。

中改院职员吴琼武说："记得刚认识远志的时候，是大学毕业到单位报到的第一天。按照惯例，人事处的同志带我到各个部门认识大家，因为陌生，同事间仅是打个招呼。当到甘远志办公室时，记得介绍我认识他的时候，他从桌子的书堆中抬起头来，一张圆圆的脸，憨憨地对我一笑。我没有想到的是，他对带我去的人事处处长说，这位小兄弟就交给我了，我带他去熟悉熟悉院里环境。"

甘远志亲切地拉着吴琼武的手坐下，第一句话就问道，你喜欢打篮球不？喜欢体育运动的吴琼武慢慢地放下拘谨，开始与甘远志像一个熟识很久的朋友一样神聊了起来。

中午时分，甘远志头顶烈日骑着自行车带吴琼武去准备生活用品，到吴琼武的宿舍帮他整理房间，铺好被褥，挂好蚊帐。

一次，吴琼武的父亲生病住院，虽然上班强装笑颜，但时常走神，无法专心工作，细心的甘远志发现后，就追问他，吴琼武如实把情况告诉了甘远志。

吴琼武说："没有想到的是，他狠狠地教训了我一顿。他说：碰到问题就应该勇敢面对，积极地去解决，你整天这样愁眉苦脸能解决啥问题。解决不了的问题应该向组织反映，也早该告诉他这个朋友。远志说，'如果你父亲知道因为他的病害你不好好工作，他会更加伤心。在家人面前你应该尽量高兴，不要把不快乐的气氛传染给你父亲和家人，在你父亲不知情他的病的情况下，你要表现得更加坚强，让你父亲有好的心情养病，这对于病人是至关重要的。对你父亲最好的报答就是好好工作，在工作中取得更大的进步才是给你父亲的安慰。'"

第二天，甘远志找到吴琼武，递给他一个信封，说："兄弟，我没有什么给你帮助的，这是我这个月的稿费。"无论吴琼武怎么推辞，甘远志硬是塞给他，还憨憨一笑说："熬一个晚上就回来了，等你以后发了还我就是。""昨天说的话，可能有些过激了，谁碰到这种事情难免都会束手无策，勇敢面对生活吧。"

"对甘远志印象最深刻的还有他那浑厚有力的男中音。"中改院国际会议中心主任赵开富说，因为我们中改院有个较好的惯例，逢年过节或有重大接待活动，肯定要举办一场晚会。一年下来，少说也有十场八场，节目大多是各部门自发组织编排的，以唱卡拉OK为主，这样排练更快些。我喜欢听远志唱《我们伟大的祖国》，真有点荡气回肠的感觉。有时他也自编自排自演一些小品节目，如2000年时，当时"千禧病毒"在网上流行，他编排了一个小品节目，与三个同事在晚会上表演，他们的表演在形式、道具还有语言组织上，给人耳目一新的感觉，着实给晚会增添了不少色彩。

　　赵开富说："甘远志对篮球运动的爱好简直可以用执着来形容。那时我们叫他'篮球队长'，他每天穿着运动鞋骑自行车上班，车头上还用袋子挂着皮鞋，下午下班后我们几个人肯定都在篮球场集中，一打就是两个小时，天都黑了，借助马路的路灯照样打；人多的话打全场，人少时就打半场。

　　"在甘远志的带领和推动下，我们院的文体活动开展得有声有色，参加了省直机关运动会，还同周边关系单位进行篮球友谊赛，公路对面的海事法院是我们的老对手，两家单位每星期至少一场赛事，连他们50多岁的副院长也给调动起来参加我们的活动。"

　　"我记得那时我们球队还有一个1.9米高的老外，他是'德办项目'的官员，远志把他招来，扩充我们的实力。虽然语言不通，但篮球肢体语言国际上还是通用的。老外一上场，首先我们在气势上就压倒了别人。"

　　不懈的努力、奋斗与辛勤的汗水结出了丰硕的果实。1995年12月22日，在国家新闻出版署首届社科期刊评奖活动中，《新世纪》周刊荣获优秀时事政治期刊提名奖。这次评奖汇集了全国各省、市、自治区和中央、国家机关单位推荐的1933种期刊，共有48种期刊获得提名奖。《新世纪》是海南省唯一获提名奖的期刊。

　　火热的激情、追求进步的理想永远激励着甘远志，在南充日报时，他就向党组织提出了入党申请，到中改院工作后，又曾3次申请要求入党。1997年11月28日，中改院第二党支部讨论同意把甘远志列为培养对象，考查培养。

　　1998年6月22日，在杜光辉、陈文介绍下，中改院第二党支部讨论通过甘远志为预备党员。在支部讨论会上，党员们对甘远志做了如下的评价并提出了一些希望。

△ 联欢会上的甘远志

——甘远志同志来《新世纪》周刊后，工作热情，不仅办刊很努力，而且为中改院的工作大局分忧，承担了大量的对外宣传工作，很不容易。希望今后以党员的标准要求自己，要有更为宽广的胸怀。

——甘远志为单位对外宣传做了大量的工作，不怕辛苦，勇于负责。入党后要多方增强和提高自己，在思想上、工作方法上有新的进步。

——甘远志是一个从不在心里藏事的人，有一说一，有二说二，对同事的困难满腔热情地帮助，从不思回报。他刻苦工作，有很强的事业心和责任感，希望进一步发扬光大。

——甘远志同志要求入党时间长，工作能吃苦、积极，希望今后在《新世纪》杂志的策划工作中能起更大作用。

1999 年 6 月 21 日，中改院第二党支部讨论通过甘远志由预备党员转为正式党员。

当甘远志成为一名正式党员的那一刻，他动情地说："我很感动，而且很激动！今后，我要以党员的标准严格要求自己，愿更多地听到大家真诚的希望！"

2000 年度党员民主评议，党支部对甘远志的评价是：

（1）专业敏感性强；（2）职业道德精神强，责任感强；（3）在《新世纪》周刊协调管理方面发挥了较大作用。

《新世纪》周刊社原社长、第二党支部书记、著名作家杜光辉说，甘远志钻研学习经济理论知识，每次重要国际研讨会都积极主动参加，吸收国内外专家精华，并将专家学者的精辟见解化作一篇篇华章。

杜光辉说，现在到处都讲干部能上能下，但当事人要真正坦荡相对，却不见得。甘远志在《新世纪》周刊真的是笑对职务变迁。他从一般编辑提升到编辑部主任，在一个时期也曾任执行主编，后来又做编辑，做得无怨无悔，一般人真的很难办到。甘远志职务上的跌宕起伏，并不是因为自己的原因，而是杂志社外部的因素。甘远志是一个乐天派，就像毛泽东说的那样是一个高尚的人。

➡ 让国人了解WTO

★★★★★

当新世纪的曙光即将照亮太平洋东岸这片古老而神秘的大地时，WTO向中国亮起了绿灯——1999年11月15日，经过13年的艰苦努力，中国加入世界贸易组织的谈判终于取得了突破性进展，整个世界对此反应强烈。

但国人对WTO的规则到底知道多少？对WTO本身存在的问题及未来的走向又有多少了解和科学预测？

面对一个又一个的疑问，甘远志采访了WTO官员和众多中外学者，还与中方首席谈判代表龙永图建立了良好的私人关系，他尝试着对国人进行一次WTO知识普及。

甘远志认为，一般国家加入世贸组织的谈判不过两三年，而中国的入世谈判却经历了十多年的坎坷，创了世界之最。这从某种意义上讲，也为中国入世提供了一个准备期，然而，一个必须引起高度重视的现实是——当中国入世"大局已定，为期不远"的时候，当WTO成了中国社会各个层面使用率很高的一个时髦字眼的时候，在中央提出要做好中国入世的各项准备工作的时候，我们决不能对入世只停留在一般感性认识上，停留在政治口号、新闻炒作以及利弊分析上。

甘远志对此十分着急，因为他看见了很多人对WTO还存在许多误解，而且骨子里还透着一股可怕的冷漠。

甘远志对WTO在中国的关注度进行了深入调研，设在中改院的WTO信息查询中心，是WTO在中国设立的第一家、全球第95家信息查询中心。2000年12月，WTO总部送给该中心，也是我国唯一一套WTO完整书面资料和光盘及检索工具，每天直接从总部发布最新的情况及世界各国的贸易消息。当该信息查询中心据此开通了WTO信息查询中心网站后，该中心工作人员品味到的是更多的苦涩和失望。网站设立以来，近3个月里，每天仅有三四百人次上网；他们设置的在线咨询表，只有9份回函；查询中心向来中改院开会的机关和国有大型企业的领导干部发出了一百多份调查问卷，收回的仅1份。

面对WTO的尴尬，甘远志花了许多精力，全力关注并解读WTO的许多信息。

因为WTO谈判成功，中方首席谈判代表、外经贸部副部长龙永图成了媒体关注的焦点人物，在粤港地区被称为"龙卷风"，其讲演门票上千元一张，还异常火爆。

就在谈判达成协议的第四天，中改院请龙永图做一次专题报告。甘远志负责联系与通知省级单位有关人员参加，令人啼笑皆非的是，一家省级新闻单位总编室的同志听完介绍后，还关切地问道："省领导来不来？"并说："省领导来我们就来，省领导不来我们就不来了。"

甘远志在一篇文章里还谈起了一个看似笑话的故事：在一个大会上，一位有一定级别的领导振振有词，号召大家要"迎接WT挑战"，大庭广众之下闹了笑话。后来才知道，他把秘书写的WTO的"O"认作了句号。对WTO的冷漠与无知，使甘远志十分忧心，加入WTO对中国来说，是经济生活中一件划时代的大事，完全马虎不得，无知与冷漠肯定要吃大亏。

2000 年 6 月 18 日，甘远志采访了来中改院讲学的奥克·林登先生。被称为"CATT（关贸总协定）先生"的奥克·林登，1926 年出生于瑞典，1951 年在斯德哥尔摩经济学院获得工商管理博士学位。先后在 WTO 及其前身 CATT 工作了 35 年之久，曾经担任总干事助理、总干事特别顾问和首席法律顾问等一系列职务，是个老牌 CATT。

"中国加入 WTO 到底意味着什么？"甘远志问奥克·林登，"你经历了从 CATT 到 WTO 的全过程，请您简要地向中国的读者介绍一下 WTO 的基本情况。比如，WTO 与 CATT 的关系如何？"

答：如你所说 CATT 是 WTO 的前身，无论宗旨还是组织结构，二者是一脉相承的。WTO 的内容也要比 CATT 丰富一些。CATT 是一个多边贸易谈判组织，它始于二战时期美国与英国的建议，于 1948 年 1 月 1 日正式开始运作，最初的成员国只有欧美几个传统的市场经济国家。到 1995 年 1 月 1 日转为 WTO 时已有 128 个成员国，至今已有 137 个成员国，还有 30 多个国家正在申请加入的谈判过程中。WTO 不仅涉及商品的交换，还涉及企业的服务和知识产权的保护。CATT 在 1948 年开始运作时成员国的关税总水平是 40%，到 1994 年乌拉圭回合谈判结束时，发达国家的关税水平在 4% 左右。为了国际贸易的更方便，整个世界的关税总水平仍将下降。

问：CATT 和后来的 WTO 所奉行的原则是什么？还请您向我们的读者解释一下最惠国待遇、关税壁垒和非关税壁垒等问题。

答：CATT 所奉行的原则主要有三个：一是最惠国待遇原则；二是对成员国实行国民待遇原则；三是不能进行非关税壁垒原则。关于最惠国待遇，就是成员国与任何一个国家达成的双边贸易协定，都适合第三国，成员国之间的贸易均按其所有相关协议里最优惠的条款进行，这就是最惠国待遇原则。所谓国民待遇原则，就是对成员国的产品和国内产品要一视同仁，不得实行歧视政策。所谓不能搞非关税壁垒，就是说国际间的贸易战只能使用关税壁垒，一切关税之外的非关税壁垒必须取消。比如，不允许对外国资本和产品采取限制的配额制度，不允许对某一出口产品实行补贴和其他保护性措施。WTO 的最终目标是要实行零关税，但在特殊情况下，比如受到倾销和国际收支透支威胁的时候，在 WTO 允许的情况下，可以采取提高关税的报复措施，也允许发展中国家利用关税保护自己的幼稚产业。这些都是要经过谈判来最后达成协议的。WTO 只是一个多边贸易的谈判机制，它只是为各成员国间贸易谈判提供规则和方便。它的最高形式是部长级会议，由各国负责外贸的部长参加，针对国际贸易中出现的问题确定谈判的议题，大致每两年举办一次。

林登先生说，我在中国人们常问我这样一个问题：中国加入 WTO 是利大于弊，还是弊大于利？我说，这个问题不好回答。从整个世界经济发展趋势来说，中国要发展需要WTO，而WTO 也需要中国，这是历史的必然。如中国哲人所说，"祸兮福之所倚，福兮祸之所伏"，中国加入 WTO 也必须面对将要遇到的挑战。正如有的中国人所说的那样，WTO 既不是个馅饼，也不是一个陷阱，不要想象得太好，更不能想象得太糟。中国人目前最应该做的就是研究自己的对策，趋利避害，趋福避祸，而不是单纯地议论利大于弊，还是弊大于利。愿中国好运。

2000 年 7 月 24 日，甘远志就"转轨国家（计划经济向市场经济过渡）如何减少入世（WTO）的阵痛"又采访了来中国讲学的 WTO 秘书处国际贸易中心主任彼德·纳雷。

问：发展中国家和转轨国家能否用 WTO 的一些规则对自己的利益进行保护？

答：首先，得熟悉规则，事实上各国都在利用规则保护自己的利益。新的贸易保护与过去不同，过去主要是运用关税和配额，现在则是运用一些技巧。大致来说有这么几种：

一是反倾销，这是对本国产业的最好保护。日本曾用低于成本价的产品出口欧美等地，有的企业以一年亏损 10 亿美元的代价先占领市场。这就是倾销。倾销的标准有三个：一是出口价低于国内价格；二是严重影响进口国的产业发展；三是出口产品价格低于生产产品的成本价。

二是设置一些允许的技术壁垒。这种技术壁垒必须要有让大家都接受的理由，如安全、环保、环境等方面的理由。

三是安排一些许可的补贴。如用于环保和某个地区的补贴。

四是利用WTO解决贸易争端的机制来解决问题。

具有法学博士和经济学硕士学历的纳雷先生,曾经长期作为匈牙利外贸部的高级官员和外交部的驻外大使,经历了匈牙利30多年的改革过程。他对于转轨国家进入WTO如何趋利避害,很有一些研究,他认为中国入世后,面对WTO的冲击,要尽量减缓对社会和制度方面影响的负面因素。

雷纳先生说,开放固然是好事,但有时候放得太快并不是好事,至少是不理智的。匈牙利在上世纪80年代末和90年代初,在两年之内全面放开了,后来的四五年里就受到相当大的影响。因为在原来的经济格局里,城市都是根据资源状况来进行布局的,比如有钢城、煤城、汽车城等,城市经济结构比较单一,一旦该行业里出现了问题,一时没有其他的产业能够及时补上来,失业问题变得比较突出,因此冲击社会,造成家庭问题,酗酒、自杀的现象也增多,因为在社会主义时期是低效率下的全面就业,从来都没有失业现象。关键的一点是,要特别注意减少失业和下岗的人数,要大力发展具有国际竞争力的产业,增加就业渠道,创造新的就业机会。还要逐步建立健全社会保障制度。否则,制度上容易出现问题。

甘远志就中国加入WTO的有关问题采访最多的还是龙永图,通过面对面,或电话、传真等方式,甘远志与龙永图建立起了忘年交似的友谊。

甘远志在与各界人士的接触中,明显感到人们对WTO的关注出现了一些误区。要么是悲观情绪太重,要么是无所谓的态度,不把外来冲击放在眼里,盲目乐观,有勇无谋。2001年3月初,甘远志在亚洲博鳌论坛年会期间,采访了龙永图。

龙永图说,我们目前对WTO的关注的确出现了一些误区,老百姓关心的东西很实在,汽车、电器会不会降价,工作会不会更好找一些,这些都无可厚非,但作为公职人员和大企业,不从体制的高度来了解WTO的影响,漠视规则的研究则是相当危险的。

当甘远志问到什么是中国入世的最大风险时,龙永图十分肯定地说,最大的风险是我们不熟悉规则,不做准备。因为你不知道规则,就不知道什么事该做,什么事不该做,更谈不上运用规则保护自己、发展自己,一片茫然,什么都不知道,盲人骑瞎马,这是最可怕的。

龙永图强调说，我国政府早就着手按 WTO 的规则清理我们的文件，也在改进管理体制、运行体制和工作方法上做了大量工作，积极为入世做准备。我们谈判最后阶段的一项工作就是准备文件，将会上千页，将成为法律意义的规范文件。我们万万不可粗心大意。

甘远志将采访龙永图和 WTO 官员形成的稿件整理后，不仅发表在《新世纪》周刊上，而且向国内重要媒体投稿。《WTO 并不完美》《龙永图忠告企业家》《入世，我们准备好了吗》《如何减少入世的阵痛》等文章被全国数十家刊物选用。

甘远志与龙永图因 WTO 结缘，又因为共同的目标——让国人了解 WTO 而成了忘年交。后来，甘远志调海南日报工作后，这种友谊仍与日俱增。

中新社原海南分社采编室主任关向东说，2002 年博鳌亚洲论坛期间，她与甘远志，还有中央电视台的记者一道，预约当晚 11 时采访龙永图副部长。不料，大家一起等到将近

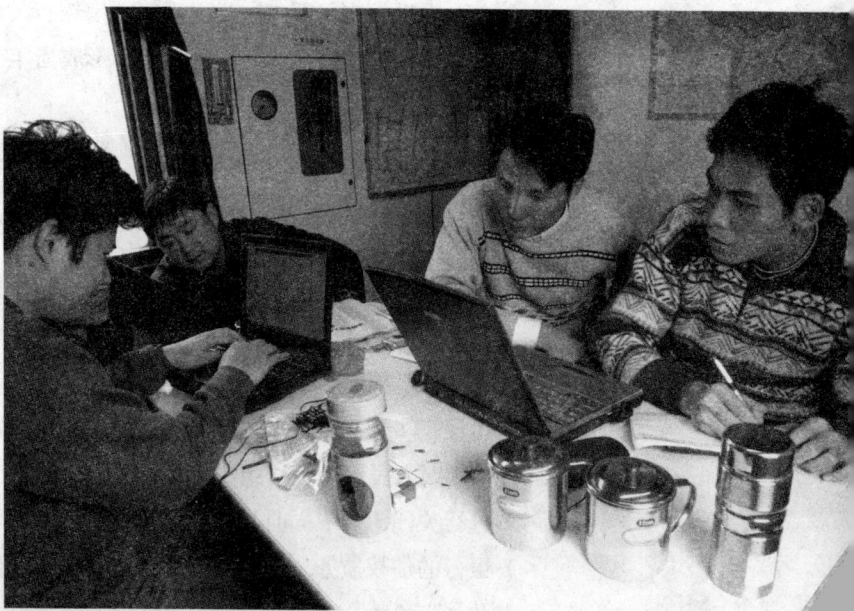

△ 甘远志（左一）在采访铁路工人

12 时，龙永图依然没有现身，与他的秘书也联系不上。年会期间，各种采访活动都较多，大家很焦急，甚至猜测对方是不是忘了这个预约。甘远志却执着地说：我了解他，答应了的事，不会忘，我们等！

果然，12 时刚过，龙永图就来到了约定地点，原来他是去看望一位身体不适的老首长，耽误了一些时间。接下来的采访十分顺利，几家新闻单位都在第一时间发出了龙永图透露的信息：中国即将启动与东盟 10+1 会谈。并且播发了这位中国高官对亚洲论坛地位和作用的理解。

→ 掀起"海发行"的盖头来

★★★★

上世纪末，新中国建立后第一宗银行关闭案在海南岛发生，迅即被海内外媒体热炒，形成当年一条重大经济新闻。

中国人民银行公告称，鉴于海南发展银行不能及时支付到期债务，为了保护债权人的合法权益，根据《中华人民共和国人民银行法》《中华人民共和国公司法》和中国人民银行《金融机构管理条例》，中国人民银行决定于 1998 年 6 月 21 日关闭海南发展银行，收缴其总行及其分支机构的《金融机构法人许可证》《经营金融业务许可证》和《经营外汇业务许可证》，停止其一切业务活动；由中国人民银行依法组织成立清算组，对海南发展银行进行关闭清算；同时指定，中国工商银行托管海南发展银行的债权债务，对境外债务和境内居民储蓄存款本金及合法利息保证支付，其余债务等待组织清算后偿付。"

同日，中国工商银行也发出公告，宣布即日对海南发展银行（简称海发行）的债权债务进行托管，并公布了有关托管、登记等的相关事宜。

中国首次关闭一家银行，消息震动海内外。甘远志最初对此的反应是："一时间，原本热浪滚滚的海岛，变得更加沸沸扬扬了。"

甘远志在一篇探寻海南发展银行兴衰的通讯中评述道：自从亚洲金融危机爆发以来，金融风险的危机意识便在国人的脑中绷紧了弦。中国就如同行进在急流险滩中的一条船，随处都可感受到来自周围的惊涛骇浪。而在海南，金融风险造成的危机，已让人有了切肤之痛。

为了让更多的人从海南发展银行关闭的现实中，体会到金融风险的严重性与切肤之痛。此时担任《新世纪》周刊执行主编的甘远志，不仅约请了对此调研较深入的中新社海南分社采编室主任关向东撰写"特稿"，他自己也对此展开采访，向金融专家了解总结海南发展银行关闭的教训。

海南发展银行是1995年8月18日正式开业的。这家由海南省政府控股，通过向全国募集股本的新型股份制银行，注册资本为16.77亿元人民币（其中外币5000万美元）。43家股东，主要股东有中国北方工业总公司、中国远洋运输集团公司、北京首都国际机场等。

甘远志在深入金融界调查中，不仅召开座谈会，更多的是通过朋友介绍，与知情者喝茶聊天，渐渐了解并掌握了海发行兴衰转折的谜底："不堪重负的兼并。"

作为一家新兴的地方性股份制商业银行，海发行的发展势头本来不错，但在全国各地方商业银行纷纷开办之际，它却落到了最后关闭的境地。甘远志对朋友说："其教训，的确让人扼腕长叹。"

金融界一位朋友告诉甘远志说，海发行开始的发展势头让人称羡：开业一年多，到1996年底，全行资产总量达到86.3亿元人民币（包括外币），各项存款余额39.26亿元，各项贷款余额35.11亿元；收息率为90%，未发生一笔呆滞贷款，与境外36家银行及其403家支行建立了代理关系，外汇资产规模1.7亿美元。整个1996年，海发行的资本充足率由8.8%上升到29%，全行实现税前利润1.25亿元，扣除税金和应提款项，每股红利8.8%，资产利润从开业时的-0.9%提高到1.45%，净资产利润从-11.6%提高到7%。

此时，海发行确实意气风发，但整个海南金融界被海南房地产泡沫化拖累的迹象也越来越明显了。1988年至1998年11年间，海南停建和未建的商品房以及竣工而闲置着的商品房达700万平方米，约占全国总量的10%，人均积压房地产面积是全国平均水平的117倍。截至1998年底，全国四大国有商业银行在海南房地产上占压的金融资产累计达到505.57亿元。1997年第三季度统计，海南全省金融机构不良贷款余额高达444.74亿元，不良资产的比例高达62.05%，其中被牢牢套在房地产上未收回的资金高达250亿元，占全部贷款与投资余额的32.85%。

1997年12月16日，经中国人民银行批准，中国人民银行海南省分行发布公告，宣布关闭海口市人民城市信用社等5家违法违规经营、严重资不抵债、已不能支付到期债务的城市信用社。全省其余29家信用社除一家独立经营外，全部并入海发行。

旋即，海发行对28家城市信用社的债务（包括债务本金和合法利息）进行登记、支付、转存，对5家被关闭城市信用社的债权债务进行清算、清偿，并实施相关措施。

甘远志对此点评说：一切，似乎都顺利进行着。但与此同时，人们也在担心：海发行能不能把城市信用社这个沉重包袱背起来，会不会水中救人不成反被所救的人拖下深渊。别的不说，光是兼并后的银行职员就成倍增长，多达3000多人。

海南曾一度多过米店的城市信用社，因房地产泡沫破灭引发的呆账、烂账触目惊心。谈起那时放贷与房地产老板花钱如流水的荒唐岁月，一些海南老金融人，他都可以结合自身的经历向你讲述一个个离奇而又现实的故事。如，按摩店老板娘跟着客人搭伙贷款炒"楼花"，三五天赚上百多万；歌舞厅小姐，侍候好了大款，坐一夜"素台"就能拿上一两万的事并不少见，也不稀奇。一位房地产老板回忆那时花钱的心态说，花钱用不着数张数，多数时间是用手指掐厚薄，玩的是一种派头。

随着调研与采访的不断深入，甘远志越来越清晰地看清了海发行兼并城市信用社的必然结果。但给海发行"大厦"崩塌最后一击的是谣言与挤兑。甘远志分析说，挤兑使海发行潭水见底。

甘远志认为，发生在共和国的第一次挤兑，既有其客观必然性，这就是背上了几十个城市信用社的烂摊子；别有用心的人制造与传播谣言，更使得波翻浪涌；再加上，政府与金融界都没有经验，使得最后的处置结果，多年后仍被业内人士所诟病。

甘远志从朋友那里收集到了海发行发生挤兑风波前后的大量素材。1998年春节上班后，海发行158个对外营业网点中的大多数门前，取款人排成了长队。一时传闻风起，有人说，某部队派出一个连的兵力到海发行押着银行职员取款。谣言不胫而走，甚至有鼻子有眼地传着，这无疑加剧了人们心理的恐慌，恐慌的心理又反过来推动了储户的取款。于是，金融界十分恐惧、社会十分害怕的现象——挤兑，开始在海发行出现了。

"以房地产为龙头的泡沫经济是引爆海发行的定时炸弹，但决策者没料到，爆炸的时间会这么快。其实，决策者们高估了海发行抗风险的能力。"甘远志的分析，不无道理。

在海发行未兼并托管城市信用社之前，海口银行多过米铺曾使海南人感到骄傲，但这种骄傲却引出了恶性竞争。各信用社为了揽存款，有的年利率竟高达25%，当海岛人罩在房地产炒卖楼花的疯狂年代里，这好像很正常。房地产泡沫破灭的时候，天上再也掉不下馅饼了，要寻找赢利25%以上的产业投资放贷，显然是不现实的。这样违规高息揽储无异于安放了一个定时炸弹，随时都有爆炸的可能性。这也直接造成了多数城市信用社高进低出、食储不化的结果。它们只有靠新的高息存款支付到期的存款，然后再吸入高息存款，进入了严重违背商业规律的恶性循环，毫无商业意义可言。

揽储不到，出去的却是越来越多，在海发行取款变得越来越艰难了。未到期的储户也开始提前取款了，某公司一名职员，为提前取款，动用关系，把定期存款变为活期，牺牲利息3万多元，还连称"胜利大逃亡"。有的营业部，光是定期变活期，三四个月节省下的利息就近100万元。

越往后，取存款越是困难，海发行规定的每次取款数额越来越小。上个月还是每周可取款3次，每次限额2000元；

下个月，就是每周取款 2 次，每次限额 500 元，甚至是 200 元。一些将养老钱存入的老年人，一把鼻涕一把泪地缠住营业员小姐："阿姨，我这点钱来得不容易啊，我们来一次也不容易，你得多给我取点呀。"

最惨的是那些以单位名义存款的机构存款，领导一个劲地催财务人员成天地要钱。但海发行内部已有了规定，首先保证老百姓的私人存款的兑付，机构存款的能给一点，就给一点。到后来，每周给二三百元，还不够催款人员的工资。

参与挤兑的人越来越多，挤兑风不到半年，就刮倒了海发行的大门，一张封条就使其寿终正寝了。

甘远志就此采访了中改院执行院长迟福林。他认为，海发行搞到这样一个结果，实在令人伤悲。应该充分估计海发行被关闭对海南发展的不利影响。为了确保经济的发展和社会的稳定，银行一定要保险，存款一定要安全，这应是金融监管的一个重要目标。

→ 关注农民土地"使用权"

☆☆☆☆☆

1998年4月，在联合国开发计划署的资助下，中改院成立了以执行院长迟福林为组长的"农村土地政策研究课题组"，先后对陕西、贵州、海南等省的土地制度建设进行了广泛深入的调查，并赴美国同西雅图农村发展研究所合作研究，于当年7月向中央有关部门递交了《尽快实现农村土地使用权长期化的建议》，引起了有关方面的重视。

1998年10月，在党的十五届三中全会决议《中共中央关于农业和农村工作若干重大问题的决议》中，中改院的建议"赋予农民长期而有保障的土地使用权"这一重要观点被直接引用。

为了宣传好"赋予农民长期而有保障的土地使用权"这一研究成果，甘远志先后在《新世纪》周刊发表多篇政论性文章，深刻阐释了让农民拥有土地使用权这一重大主题对国家的长治久安和持续发展农村经济的重大意义。

甘远志运用过去在南充日报社当记者收集的大量素材，说明了农民对土地使用权的渴望。这也从一个侧面证明，甘远志积累资料的基本功是非常扎实的。

在《土地企盼法制》这篇文章中，甘远志多次引用家乡四川南充地区农民在缺乏土地长期使用权的情况下的各种后顾之忧。

甘远志说他在南充日报时，曾主持过一个叫"政策问答"的栏目，在上世纪80年代后期及90年代初，农民来信询问政策问得最多的就是土地问题。如，家中子女考上学校或参军之后，土地是否应该收回；村里的女青年结婚后，土地是否应该收回。有的问题在报上答了一遍又一遍，农民们的来信仍很多。因为从某种角度讲，土地是农民的命根子，中国的黄土文化绵延了数千年。饥寒交迫的晋公子重耳在流浪途中向农夫乞食，被农夫以土块戏之，饥肠辘辘的重耳对着无法果腹的土块竟感动得对天谢恩。因为在封建贵族那里，土地是难得的，有了土地就有了天下。在现今的中国农村，这种观念仍很难改变。

甘远志对频频出现的土地纠纷问题分析道：土地问题，要么是土地承包合同不完善，要么是农民承包之后，有关方面撕毁合同重新发包，权属不清造成的土地不稳的问题已经愈来愈突出，赋予农民长期的土地承包与使用权也就显得更为迫切。

1991 年春节，一位名叫王南金的农民找到甘远志，说他是从 100 多公里外的仪陇县乡下讨口要饭来到南充的，而他之所以讨口要饭是因为修了山平塘。为了整治一口山平塘，他投资了 3 万多元，负债累累，又不幸被"红眼病人"折腾，最后竟倾家荡产，妻离子散，只好踏上了靠乞讨四处告状的路。

王南金的一番话，让甘远志大吃一惊。王南金的遭遇引起了甘远志的思索。

1984 年 6 月，曾经靠做粮食、木材生意发了一点财的万元户王南金，与八古井村签订合同，承包了一口建于 1958 年、面积 33 亩的山平塘。为了让这口已年久失修、天旱时连塘边的禾苗都保不住的山平塘发挥效益，他带领全家 5 口人和请来的 60 多名农民，整整忙乎了好几个月，使这口山平塘蓄起了水，解决了附近 4 个村、10 个合作社的饮用水问题，可灌面积达 1500 亩，他自己也在塘里养起了鱼。

按理说，王南金给当地群众办了一件好事，受益群众应该感激他。但由于山平塘横跨八古井村 2 社和 3 社的土地，而王南金是 2 社的社员，当他承包的山平塘开始发挥效益不久，尽管享受了免费水却认为"肥水流了外人田"的 3 社社员便开始不满意了。有人往塘里填泥土，围塘造田；3 社社长带着 33 户农民在塘内泡洗红麻，将王南金投资 3000 多元放养的 10 万尾鱼苗活活毒死；塘边的石料被撬走，溢洪道的拦鱼设施被偷走。好端端的一口山平塘硬是被搞得千疮百孔。

为整治山平塘，王南金全家整整干了 7 年，不仅花掉了上万元的积蓄，还向信用社贷款 2 万多元，到 1991 年本息已达 5 万多元。为了还贷，他不得不把自己的房屋和承包责任地边的小树折价 2910 元还款，连家里的一对小兔都卖了，还欠着一屁股债。老婆带着儿子离家出走了。大年三十，王南金踏上了乞讨告状的路。

后来，经甘远志多方呼吁，王南金承包山平塘的合同才得以稍加完善，并对工程的花费进行概算并做出了补偿。

甘远志问，如果土地政策完善了，有了长期的土地使用权，还会出现王南金这样"难念的经"吗？

甘远志还叙述了一个从老家带来的故事，也是一个因土地承包产权不明引发的纠纷。南部县碾垭乡农民罗先锋，是四川第一个蚕桑万元户、全国新长征突击手。他的发家是承包了原乡农科队丢荒的 21 亩石骨子坡地，建起了全川最大的私人桑园，靠栽桑养蚕致富。但正是这个桑园的土地使用权问题，使罗先锋陷入了困境。

这片土地原是属于碾垭乡 11 村 9 社的，是在 1975 年农业学大寨时开垦出来的改良地，开垦后一直属乡农科队。乡农科队撤销后便一直荒芜，无人问津。

1985 年，乡政府便动员栽桑养蚕已初具规模的罗先锋承包，双方签订了承包合同。但后来乡、村两级为土地所有权问题发生争议，当地农民在与乡政府交涉不成之后，便在社长的带领下，将罗先锋新建的小蚕共育室捣毁，把桑树也砍伐了。纠纷拖了好几年，吃亏的自然是罗先锋。

甘远志认为，中国关于土地的故事太多了。在家庭联产承包责任制下的土地使用权问题，在现实中已得到了丰富和发展，与土地使用权相关的增值权、入股权、抵押权、转让权、继承权和谈判权等，正在逐步为人们所认识并付诸实践。一些新的问题也等待着人们去研究，去探索。

中国农民的土地问题，还引起了远在太平洋彼岸的一位 60 多岁的美国老人的特别关注。1987 年以来的 12 年里，这位老人先后 15 次造访中国农村，在 17 个省市对 700 多户中国农民进行了实地调查，对 1080 户农民进行了抽样调查。田纪云、姜春云、温家宝等中央领导同志多次接见过他。这位老人就是美国西雅图农村发展研究所所长罗伊·普罗斯特曼，中国农民叫他"老普"。

在中改院与联合国开发计划署联合召开的"中国实行长期而有保障的农村土地使用权国际研讨会"上，"老普"对采访他的甘远志说，中共十五届三中全会和新颁布的《土地管理法》是在稳定农村土地使用权方面前进了一大步，能够促使农民对土地进行长期投资，从而提高农业生产率和农民的生活水平。

"老普"还逐条对土地法进行了点评，指出了一些有待解决和完善的地方。正是凭着对中国农村的了解，1997年，"老普"在哈佛大学就布朗提出的"21世纪谁来养活中国人"进行专题研讨时发表的演讲，引起了广泛的重视和赞同。他演讲的最后结论是：人多地少确是中国农村的主要矛盾，但只要赋予了农民长期的土地使用权，中国农村的发展是不可限量的，中国是充满希望的，中国人能够养活中国人！

为了确保农民土地使用权的报道更具权威性，甘远志还采访了八旬老人杜润生，这位曾任中共中央农村政策研究室主任，可谓中国老资格的农村问题专家，对赋予中国农民长期而有保障的土地使用权赞不绝口。

杜润生认为，通过市场的作用，搞活、用活土地使用权很有必要。他说，搞土地市场的出发点有两个，一个是在经济发展中，一定会有人要转让土地，一定有些人要扩大经营规模；第二个是把土地当作农民的保险资产，使农民在土地市场上进行土地有偿转移，得到一定的补偿，这对于某些人的生活保障有一定的作用。

杜老指出：我们要用市场对土地的调整代替行政手段的调整；稳定土地使用权，也不是要把土地锁定在一个家庭里，而是提倡土地在市场经济的作用下的适当集中。他预计，到21世纪30年代，我国的人口要增加到15.5亿到16亿的规模，需要解决新增人口3.5亿到4亿人口的吃饭问题。现在城市人口才达到29%多一点，到21世纪30年代左右，农村人口可能达到7.5亿到8亿，和现在的9亿相比少1亿多，数目相当大。现在一个家庭只有六亩五分地，是一种超小型制度，将来要调整到40～100亩的水平，才和人口的变化差不多。因此，关键的问题是要在充分明确和保障农民土地使用权的前提下，让市场的要素进入土地管理领域；按照市场经济的要求，进行合理的流动，以适应社会的进步和发展要求。

→ 为城乡"就业"大对流叫好

★★★★★

农民工进城,下岗工人农村创业,这样的城乡"就业"大对流成为了20世纪末,中国城市与乡村间一道奇特而亮丽的风景线。

1998年上半年,甘远志以敏锐的目光观察与分析了城乡就业大对流现象。他思考着:一个看似奇怪的现象正在中国大地上出现。一方面,农民工进城打工,泱泱乎8000万,相当于流动着欧洲好几个国家的人口;另一方面,在共和国结束知识青年上山下乡20年之后,不少城市下岗职工开始告别城市,下乡创业。城乡都有劳动力闲置的现象,城乡流动双方都在对方领域里找到了自己的位置。

甘远志认为,这看似矛盾的两方面已经成了一个结。这当中有些什么值得人们思考的?它又将对中国的进一步发展有些什么影响?

甘远志从"颇费思量的人口逆向流动""引起恐慌的人口正向流动"和"城乡互动:相得益彰的新趋势"三个方面,用经济学与社会学的眼光对城乡就业大对流进行了颇具历史纵深感的剖析。

在"颇费思量的人口逆向流动"篇,甘远志以丰富的历史知识,拷问了经济学理论:城市化与工业化同步。这一规律为何在中国曾经长期失效?

当历史进入工业化时代以后,第一产业的人员从农村流向城市,从事二、三产业,便成为一个大趋势。19世纪的煤炭开发,造就了欧洲大片人口高度密集地区;

阿拉伯发现石油，撒哈拉沙漠周围便出现了人烟和绿洲……

在工业化上升阶段，城市化率与工业化率的变动方向完全一致。从1950年到1995年，全世界百万人口以上的城市由83个增加到325个，城市人口由7亿增加到26亿，每天以17万人的速度增加。

但在中国，却出现了逆历史潮流而动的情况。在我们开始迈向工业化的时候，几度风雨，几番轮回，数以千万计的人口从相对文明的城市回到了农村。共和国建立之初，我国仅有城镇人口5765万人，城镇失业率高达23.6%。建国之初，百废待兴，在以重工业为主发展经济的情况下，大量优秀农民为支援国家建设进城当工人，1954年城镇人口飚升至8249万人。1958年"大跃进"城市劳动力不够，在农村招收全民、集体企业职工2000万人，1960年全民、集体职工膨胀到近6000万人，3年内吃商品粮的人口猛增3000万人。

上世纪60年代初，"大跃进"受挫后，中国工业发展势头萎缩，城市经济停步不前，城镇就业问题浮出水面。1961年下放城镇人口1300万人，精简职工872万人。1968年12月22日，《人民日报》发表毛泽东最新指示："知识青年到农村去，接受贫下中农再教育，很有必要。"轰轰烈烈、史无前例的知识青年上山下乡运动开始了。1000多万城镇青年到了农村，湮没在小农经济的汪洋大海之中。

甘远志分析道，在计划经济年代，增加城镇人口，便意味着国家要花费更多的财政来支持城镇人的吃饭穿衣、生老病死等一系列问题。于是，在我国春秋时代便风行的城乡户口分设的户籍管理制度和上山下乡又在我国出现了。

中国之所以出现人口逆向流动，甘远志认为，以毛泽东为代表的新中国第一代领导人对农村太熟悉了，以就业而言，农村没有红绿灯，农村是发展城市的一个大米袋子，劳动力蓄水池，以农补工、以乡补城，无后顾之忧。这就形成了中国社会和就业的二元结构。

二元结构的社会，八成以上的居民在农村，靠多数人养活少数人，问题不会太大；而城市经济出现问题时，上山下乡就成为必然。

在"引起恐慌的人口正向流动"篇，甘远志援引了经济学理论：衡量人口城市化合理性的标准，是看它是否与生产发展相适应。

随着农村家庭联产承包制的实施，中国农村爆发出了空前活跃的生产力，产生了大量的闲置劳动力，并大量涌向城市。

甘远志分析说，应该说这是适应社会发展的正向流动，中国社会发展的历史车轮终于迈向了正确的轨道，值得我们大声欢呼和庆贺! 为何引起不少人的恐慌? 因为原有的秩序乱了。加之流动人口造成了治安、卫生、计划生育等诸多新问题，流动人口被视为洪水猛兽也就不觉奇怪了。

甘远志描述道，乡下人来了，带着青春，空手出门闯荡天下来了，城里人不愿做的事，他们肯做，什么脏、差、险，他们全不在乎，只要能挣钱就行。反正家里还有一亩三分地可以做保障。这就赢得了与城市人就业的比较优势。他们不要住房福利，也不用养老保险。要体力，他们正年轻;要吃苦，他们苦惯了。

农村人进了城市，可说是迈向了另一个世界。甘远志料定他们无论多苦多累，也不知会比农村好上多少倍。因为过去的中国城乡差别，一个是天，一个是地，是天壤之别。所以，甘远志确信，进城务工的农民一定能站稳脚跟，这个群体会越来越庞大。

甘远志还是用在南充日报采访时积累的素材作了深刻说明。在尘土飞扬的乡间公路上，一群农民未经手扶拖拉机驾驶员同意，便蜂拥而至往上爬，驾驶员故意把车开得东倒西歪，有农民摔了下去。于是，双方对骂开了，驾驶员一句"你龟儿子二辈子还要当农民"让甘远志记忆深刻。

甘远志当时是去朱德总司令家乡——仪陇县乡下采访农村化肥供应情况的。在将军镇场上，甘远志遇到一位老人，穿一身洗得发白的老蓝布衣服，靠着镇政府的墙根瘫坐在地，佝偻着背，耷拉着头。

这位老人告诉甘远志，他头天晚上把卖蚕茧的钱揣上到县城去找熟人，想买点十分急需的化肥。哪知，化肥没买到，在县城街边蹲了一夜，也被大雨浇了一夜。这天一大早就回镇上找领导，不幸钱又被偷掉了。老人指着裤兜旁被人用剃须刀刀片划破的一条口子，气愤地说，买化肥的钱就是从这个口子里被人偷走的。

说到伤心时，老人猛地扯开衣襟，露出赤褐色的胸膛，那里有一条陈旧的伤疤："他们偷我这样的老人不得好死。我是老红军，雪山草地我都走了两三遍。这是在河西走廊被马步芳的骑兵砍的。"

后经了解，这位老人姓汪，的确是一位老红军，四方面军的。随胡耀邦挺进川北，因为没文化，1950 年便从南充复员回乡，当了农民。

老人对甘远志说："请记者一定要向党反映农民的具体情况。我是老红军，知道国家困难，不会去抢化肥。"因为就在距汪老红军家一公里处，另一位姓汪的年轻农民因挡车买化肥，被汽车压死，最后这家农民只得到了一个骨灰盒，价值 120 元。这位农民留下了老父、妻子和年幼的儿女，还有一张被鲜血染红的《粮油订购合同书》。他那天是先到粮站交了油菜籽再去买化肥的，所以揣了合同在身。有人说，如果他活着，他会成为"抢肥犯"。

甘远志想着这些辛酸的往事，面对农民进城务工渐起的大潮，显得十分兴奋，他大声疾呼：给农民一块新天地，他们会回馈社会一个新惊喜！

在"城乡互动：相得益彰的新趋势"篇，甘远志以当时发生在城乡之间的具有广泛影响的新人新事证实了经济学理论：城市化和农村工业化是社会发展的两个方面，城乡互动是可以并行不悖的。

上世纪 90 年代，由于城市经济进入调整期，部分进城务工农民带回资金和技术返乡创业。与此同时，城里一些有钱的主儿，也开始下乡去开拓事业。而当国有企业改革打响攻坚战之后，下岗职工也开始到农村创业。这些都为农村工业化和小城镇建设注入了新鲜活力。

《太原工人城里下岗农村上岗》《山东青州市政府引导 2000 多名下岗职工到农村创业》《重庆麻纺厂破产职工下乡创业致富》的新闻，让甘远志激动不已，夜不能寐。

甘远志在给一位朋友的信中写道，其实，农村本不是我们习惯中的那个农村。卡特当选为美国总统，当时我们感到惊讶，一个农民竟然当了总统。因为那时我们不知道卡特并不是我们心目中的那个农民，而是地主和资本家的混合体。他拥有自己广阔的土地，有现代化的农业机械，有先进的农业技术和管理方式，更有相当的市场占有率和雄厚的财力。

"当前，中国城乡之间的就业对流与过去任何时代相比，均有着本质上的区别。"甘远志分析道，农民进城带来的是体力，但带回去的是资金和技术以及市场经济的观念；而城市带下去的一般都是资金技术，为农业产业化打下了坚实的基础。

　　甘远志进一步分析并呼吁：面对新一轮的上山下乡，土地作为重要的生产力要素已引起了人们的关注，农村土地流转制度创新，逐步割断劳动力同土地的"脐带"，吸引产业资本进入农业，鼓励农户将他们承包的少量耕地转让或折算成股份加入小农场，部分农户以农业工人的身份成为新组建的农场职工。通过市场行为，把小块耕地变大，对转让土地使用权的农户予以适当的经济补偿，或为他们提供新的就业机会，发放永久性土地使用权证；可以对土地实行出让、转租、转包、入股、抵押，把集体所有、家庭使用的土地用于现代意义的开发，并引导乡镇企业向城镇适度集中。同时，要进行户籍制度创新，弱化我国二元社会结构，逐步过渡到城乡一体化的户籍管理制度。

➡ 听克莱因评说"新经济"

★★★★★

　　20世纪最后10年，一个模糊的新概念名词"新经济"风靡全球，这"像雾像雨又像风"的新经济对改革开放的中国意味着什么? 新经济引起了经济学界的广泛兴趣。

　　1980年诺贝尔经济学奖获得者、美国科学院院士克莱因教授认为，新经济就是以人为核心的经济，创业者的技术和思维就意味着财富，成为推动新经济发展的第一驱动力，是新经济王冠上最为璀璨的宝石。

2000年9月16日，克莱因教授在中改院召开的新经济与海南发展学术报告会上做了关于新经济的精彩演讲。会后，甘远志专访了克莱因教授。

尽管人们无从考证新经济提法的准确出处，但一般认为，新经济崛起于20世纪90年代，是在经济全球化和信息技术革命的推动下，以生命科学、新能源、新材料、空间、海洋、环境和管理等七大技术的高科技产业为龙头的经济，它是伴随着由"个人电脑（PC）"到"因特网（IT）"再到"电子商务（E-Business）"三个发展阶段的网络经济的发展而发展的。

新经济迅速汇聚为信息、通讯、数字化的滚滚洪流，令人目不暇接。与传统经济相比，它具有许多新观念、新特点和新的运行模式，给美国以及世界经济注入活力，成为拉动世界经济增长的主要动力。

克莱因告诉甘远志说，新经济的代表是美国，它的确给美国创造了一系列奇迹：自1994年以来，经济年增长4%，已经持续了100多个月，失业率从6%下降到4%；股市在过去几年增长300%，创造了成千上万的账面百万富翁。为满足中小企业、特别是高增长的科技型中小企业的融资需求，美国在1971年建立了纳斯达克市场，1999年它的交易量已经超过纽约证券交易所而跃居全球首位。目前在此系统内上市的公司5000多家，大多数为高科技企业。

为新经济增加亮点的除美国奇迹外，还有电脑本身的奇迹，电脑的性能每18个月翻一番，价格也在直线下降，使用电脑的人数急剧增长，市场急剧扩大。伴随着鼠标和键盘的轻轻敲击，新经济最大限度地实现了节约成本、提高效益的目标，而且创新能力特强。

甘远志问："人们担心，连连攀升的股市尤其是纳斯达克市场，会不会只是一些人靠知识圈钱的角斗场，新经济是不是建立在股市泡沫上的海市蜃楼？"

克莱因答：关键是要控制住泡沫。这取决于为新经济提供了充足资本的股价是否合理。新经济和股市的繁荣有很大的相关性，股市对新经济的反映也是合理的。因为新经济是真实的，它的确大大地提高了生产率，而且尚处于初始阶段，其技术与应用之间还有一个巨大的落差。我们既要看到新经济企业因财力不支而宣布破产，也要看到总有许多资本总额高、实力雄厚的公司仍实现了高盈利，而且利润总额呈上升趋势。经济中有一些泡沫是正常的，有水才可能有泡沫，但要增加水的成分减少泡沫的成分，股价应该以未来收入的预期来定价。要解决这个问题，有两种方法，一是股市大跌，这可能引起通货紧缩；一是调整，重新估计技术部门的价值，不是整个科技股，而是有挑选，有利于预期。格林斯潘一直都试图使美国经济实现"软着陆"，牺牲一些速度，使其发展更为真实，更为健康，不致引发经济大衰退。因此，要以积极的姿态大力发展新经济，也要充分认识到新经济中存在的泡沫成分与虚拟成分，适时适度地采取一些有效办法来制约泡沫的扩张。

中国能否搭上新经济快车？这是国人十分关注的话题。

新经济在中国登陆时间并不长，但来势很猛。仅从电脑上网来看，互联网用户在1999年就突破800万，一些新的网络公司正在成长，平均每天就有两个新网站开通。传统经济的大型企业也把目光投向了新经济，家电行业的几大龙头企业几乎同时宣布进军电子商务，而且都是10亿元以上的规模。

克莱因点评道：中国能搭上新经济的快车，但不能急于求成。新经济在美国表现得很充分，但新经济并不是美国所专有，其他地方也有成功的例子。印度是一个不怎么发达的农业大国，但凭借着其国民熟悉英语和成功的大学体制，产生了许多创业者和新经济企业，搭上了新经济"列车"，并以此致富。此外，以色列也依靠其软件和应用程序获得了成功；韩国和台湾也跟了上来。至于中国，我注意到，在金融危机带来全球经济不稳定的时候，只有美国和中国最稳定，并为世界经济的恢复增长起到了积极作用。因此，我相信创造了转轨经济奇迹的中国人，一定能搭上新经济快车的。中国是一个发展中国家，在发展的过程中，中国没有必要经过所有发展阶段，可做蛙跳似的发展，可以强化发展一些信息部门，直接进入信息社会。

面对新经济中国需要做些什么？克莱因说，我认为应当在轻重缓急上做出选择，实施教育优先的战略。从目前的情况看，中国发展新经济表面上看是资金缺乏，最主要的则是缺乏人才。知识的含金量在新经济时代得到凸显。中国在人力资源方面并不缺乏，至少有三大优势：一是人口多，培养人才的基数大；二是具有重视教育的优良传统且基础教育质量较高；三是海外华侨、华人和留学生很多，能为国内的新经济发展提供资金、技术上的帮助。在中国政府的发展战略中，发展顺序首先应该是教育，尤其是高等教育，这是知识经济的必要准备。要努力发展争取在信息技术上创新，有了创新技术就会引来投资，就像印度一样。切忌急功近利。

甘远志在采访克莱因的"记者札记"中，用印度和日本的对比，思考了中国新经济要走的发展之路。

在人们的记忆中，印度一向是贫穷的代表，但新经济为何取得了成功，28万信息产业雇员，其行业的产出每18个月就能增加一倍，主要得益于教育的优势。印度是位于美国和俄罗斯之后的第三大科技大国，有科技人员350万人，综合大学200多所，高等院校6000多所，研究院2000多个，其拔尖的大学可与世界上任何一所大学媲美。印度在全球软件开发业中居于重要位置，比尔·盖茨曾惊呼："下一个软件大国既不是欧洲国家，也不是日本，而是印度。"他亲自拍板，在印度南部城市海得拉巴建立了微软在全球唯一的开发中心。

与印度的例子相反的是在基础产业上丝毫不逊于美国的日本。20世纪80年代上半期，日本的家用电器行业取代美国成为世界标准的制定者，成为世界经济最活跃部分。但90年代以后，日本忽视了经济全球化和高科技，大量资金投向了房地产。随着房地产泡沫的破灭，则出现了二战后最长的一次萧条。

甘远志通过采访，在给读者介绍有关新经济知识的同时，也提出了一些应当思考的问题。加入WTO使中国的改革开放呈现出新的局面的时候，新经济以及在与新经济息息相关的股市问题上，我们都不能急于求成，但在相关问题的改革和开放上，却是必须实实在在地加快步伐。例如人才问题，相应的人才培养机制、人事制度、收入分配制度都必须向有利于形成人才成长优势的方向改革。而且投、融资体制，政府管理等方面的改革也要加紧进行，使中国的经济尽早融入世界市场经济主流。

→ 探询德国如何刺激经济发展

★★★★★

1999 年初春时节，随着经济体制转轨研究领域的研讨活动不断深入和扩大，为了实地了解欧洲一些国家国有企业及公共领域的改革情况，中国（海南）改革发展研究院组成包括甘远志在内的 6 人考察团对德国、英国进行了一次专题调研。

2 月 21 日，考察团从北京起程，直飞德国的法兰克福，这是应德国技术合作公司的邀请，对德国运用市场力量刺激社会投资和消费发展经济的经验进行为期一周的专题访问。

二战后，联邦德国（西德）和美国等多数西方国家一样，为应对经济停滞不前状况，都运用了政府主导型的凯恩斯主义，在国家对经济强力干预下促进经济发展。

20 世纪 80 年代，西德在凯恩斯主义失效后，又走上了一条与之完全不同的路子，依靠市场的力量刺激社会投资和消费，并将此作为重新启动经济发展的动力，使国家经济得到了快速发展。

在德国，给甘远志他们当导游的唐先生金发碧眼高鼻子，讲着一口十分流利的汉语，而且是地道的北京腔。他介绍说他的父亲是德国人，母亲是中国人，他本人上世纪 50 年代出生在中国，70 年代到了当时的民主德国（东德），曾经担任原东德主要领导人翻译。他说，东德的物质财富远远比中国丰富，几乎是能够想得到的东西都有。90 年代德国东西部统一后，物质更加丰富了，似乎不怎么努力都可以很好地过日子，反倒百无聊赖了，如果不是兴起了玩电脑炒股票，就基本不知道这个社会还缺什么，还该发展什么了。唐先生的意思是说资本主义并不比社会主义好，至少在精神和理想上就不及社会主义。但他说的不知道发展什么这种现象，在70年代的联邦德国就开始出现了。德国人的消费观偏重于节俭，即使德国人的住房私有化程度也不高，大多数人还习惯于租房。

甘远志评议说，告别二战后的短缺经济，也就相当于宣布德国告别了经济高速发展的时期。需求决定行动，无欲则怠，像德国这样一个节俭而且在某种意义上说还趋向于保守的国家，发展欲望远没有正在摆脱温饱的中国人迫切，要创造需求并不是一件容易的事，如何发展也便成了一道难题。

德国复兴银行副行长文策尔博士，是甘远志一行在德国的第一个调研对象。文策尔博士从德国的历史谈起，介绍了战后西德经济的发展历程：

二战以后，经历了战争浩劫的西德满目疮痍，百废待兴，生产者提供的一般的或高档的日用消费品都十分畅销，巨大的需求拉动着人民奋发图强。穿着热、饮食热，以及大型耐用消费品、汽车、建房和旅游热潮先后出现，经济得到了高速发展。1966年，西德出现了高速发展后的第一次经济危机：50年代赖以发展的消费热潮已不复存在，60年代初开始的私人消费需求也已出现饱和的趋势。由此，工业生产急剧下降，国民生产总值出现了战后的首次负增长，固定投资下降，消费指数下降，企业大批关闭，失业率上升，国际收支逆差增大。

面对经济危机，为西德战后重建和发展立下了赫赫功劳的艾哈德政府和继任的辛格政府，都采取了凯恩斯主义的一些做法，大幅度增加国家开支和扩大出口以启动经济。尽管这种以政府为主导的政策为消除财政赤字、稳定物价和争取国际收支平衡起到了积极作用，但并没有解决失业和生产下降的问题。

1982年10月开始执政的科尔政府否定了政府全面干预的主张。科尔认为，社会市场经济的核心是私人经济活动的高效率。以往的财政赤字政策不仅未能解决失业和增长的问题，反而使通货膨胀居高不下，货币政策执行部门不得不为配合政府的扩张性政策而放松银根，极大地制约了联邦银行维护货币政策的职能。事实证明，仅仅依靠政府的投资不足以带动整个经济的发展，而且现实的矛盾还表现在投资上，就在政府财力紧张而对许多投资感到难以支撑之际，许多私人有资金却不知道往哪里投，行业准入政策束缚了私人投资的手脚。当时，西德的国有企业近4000家，像邮电、铁路运输、煤气等行业几乎都不允许私人企业介入。特别令人失望的是，尽管有行业垄断，国有部门的经济效益和服务质量都难如人意，还使政府背上了沉重的财政负担。

科尔政府采取了旨在实现财政收支平衡、减少政府干预、鼓励私人部门发展的经济政策，试图调动整个社会和市场的力量来摆脱经济危机，在减少财政支出的情况下，对国民经济进行战略性调整，开放公共领域里的一些垄断部门，引入社会资本，引入竞争，提高企业效益和服务质量，并以此刺激社会的投资欲望和消费欲望。

公共领域事关国计民生，要放开也得有个轻重缓急，哪些行业可以先行放开呢？面对甘远志的提问，德国联邦交通建筑住房部航空处处长格里克津斯基这样做出了回答：人们经过分析后发现，公共领域可根据其经济效益和社会效益的情况划分为赢利部门和非赢利部门，如国防、卫生、教育等，属国家政权和福利的一部分，这些部门必须由政府无偿投入。而像航空、电信、电力、水利等部门，尽管也事关国计民生，但竞争得好，政府和老百姓也都可以得到好处。于是，政府就将这些部门放开。

在谈及如何具体判断一个行业能否放开这一问题时，格里克津斯基介绍说，公共领域是否要开放，是否引入竞争，主要取决于该行业是否有发展前途和国际环境。以德国航空业为例，政府在公共领域内引入竞争之初确认航空事业是具有很大发展潜力的事业，当时放开航空是基于50年代以来年增客运量4%～6%，增长率是GDP的两倍这样的事实，才选择了航空领域的开放。

以汉莎航空公司为例，国家曾规定全德50%以上的航线由这家老牌国有航空公司独占，但在行业竞争全球化的大趋势下，汉莎航空公司却在1991年濒临倒闭的边缘，市场份额已降到27%。在这种情况下，德国政府与汉莎航空公司共同制定了公司的改组计划，让社会资金进来，政府逐渐退出股份。原来对公司百分之百控股的政府，到1993年只控股51.42%，1998年国家持股已全部售出。在没有国家财力做后盾的情况下，公司采取多种措施搞活经营，如与其他国家和地区的航空公司建立联盟关系，在旅客乘坐不同航空公司的飞机时，可以一票到底，转机不转票。同时，他们还利用自己的优势自办旅游公司和饮料公司，进行综合配套服务。汉莎航空公司1998年赢利已高达

21亿马克。

甘远志在德国考察期间，认真听取情况介绍，并不停地思考所见所闻。他认为，德国行业开放并不是放任自流，政府运用法制的手段干预经济，促使各个方面支持企业，保证了经济秩序。

甘远志说，科隆大教堂是德国人的骄傲，但令他最感佩的不是它悠久的历史和宏伟的建筑，而是它的修建过程，它从1248年到1880年，修修停停，断断续续修了600多年，几十代人前赴后继地做着同一件事，而且最令人觉得不可思议的是，600年后建成的教堂竟然与600年前的设计一模一样，德国人的严谨可见一斑。

甘远志不无幽默地说，但就在这个著名的教堂前，也发生过一个有趣的小故事。按规定，大教堂前是不允许摆摊设店的，但有一个老人却在门前摆了一个木制的推车，车呈马形，上面摆了一些小纪念品，马身上还供人在给钱后随意张贴漫画、标语等。当地警察根据有关法律禁止他摆摊，但他见警察一来就推着走，硬是对警察说，这不是摊，而是马。这不，马还在走。碰了几回尴尬的警察后来也就干脆不管了。最后，这木马居然成为了科隆大教堂的一个小景观。

甘远志评述说，德国人做事，往往钉是钉铆是铆，有时候给人的感觉刻板得甚至有些机械，但仔细观察就会发现，他们的行为实际上是好多代人受法律约束的结果，习惯成了自然。值得说明的是，尽管德国的法律甚至把有些属于道德范畴的东西都规范了，却也不乏灵活性。科隆大教堂和教堂前的木马，生动地体现了德国的社会市场经济本质，那就是"自由加秩序"，它的法制涵盖的范围几乎无所不包，甚至连一些道德范畴内的东西都包括进去了，但其自由也完全能在法中体现。

在行业开放这一过程中，德国政府对企业的支持首先还是财政的支持，在已经引入竞争机制的公共领域里，政府凭借自己的信用向银行借贷再贷给企业，并鼓励银行和各种中介机构也努力为企业扩大生产和出口创造条件。

德意志银行储蓄业务司司长基尔·西霍夫博士介绍，德国的储蓄银行和州银行的股东都是国家，与政府保持着密切关系，它们在银行中占了大头，奉行服务于地方政治和经济的金融政策，国家60%的金融业务都是通过它们来进行的。银行给企业的融资主要有以下几种方式：一是贷款，二是租赁的租金，三是基金，四是参股。政府为私人企业在银行里担保，把私人的风险转化为国家风险，把未来的债权转化为银行债权。此外，政府还可以为企业融资提供担保、拨款、发行债券或通过经纪人的合作，尽量帮助企业融资。

除商业银行以外，政府还成立了一大批协会性质的公司。在中改院一行最后考察的德国投资与发展协会有限公司，董事长基特曼介绍说，公司是为补充商业银行贷款不足而存在的，专门为企业提供融资和咨询服务，年业务总量为 7 亿马克。

甘远志最后总结德国的考察成果时说：诚然，在公共领域内引入竞争固然使一些国有企业陷入了困境，但同样不容否认的是，它也为那些勇于竞争的公司提高了效益。而且同样不容忽视的是，非国有经济从整体上也焕发了活力。所有这些，都为德国经济走出相对过剩创造了积极条件，最终依靠市场的力量走出了经济发展的低谷，并使德国经济成为欧洲经济发展的火车头。

➡ 考察英国国企改革

★★★★★

1999 年 2 月 28 日，甘远志与考察团一行从德国飞抵英国这个工业革命的发祥地，漫步伦敦街头，甘远志的感觉似乎进入了近代文明博物馆。

白金汉宫依然是在屋顶挂出王室旗帜表示女王在宫内，而挂起英国国旗表示女王外出；泰晤士河畔的"大笨钟"依然准点报时；河中代表了近代高水准的军舰依然昭示着昔日的辉煌。只是，随着"日不落帝国"在 20

世纪的逐渐解体，随着"世界工厂"在全球影响的易位，伦敦街头越来越少了戴着硬顶圆礼帽的拿伞绅士，也少了低沉的问候："今天的雾，真大呀。"

近20年来，受到经济衰退威胁的老牌资本主义国家英国，也进行了国有企业改革，公共领域内的动作尤大。改革的情况怎样，对正着手于公共领域改革的中国又有些什么启示呢？

甘远志他们考察的第一站到了英国财政部，受到企业和发展局局长哈雷·布什的接待。他热情地介绍了20世纪70年代末英国掀起的国有企业改革——迈向民营化的来龙去脉。

英国是一个高福利国家。1948年，英国政府宣称：已向人民提供了"从摇篮到坟墓"的全部社会福利，政府成为了人民的"保姆"，建成了西欧第一个"福利国家"。到1978年，在英国政府的财政开支中，用于社会福利的支出高达53.8%，占国内生产总值的23.7%。政府向人们提供免费的初等教育和中等教育，尽管大学教育要收费，但大学生中90%的人可以获得政府发的奖学金；英国的津贴名称可谓五花八门，小孩尚在母腹中，母亲便享有产妇津贴，一直到16岁才结束；失业后有失业津贴，有的失业津贴甚至比工作的人收入还高；国民保健、个人社会福利、住房补助等等，名目繁多。

哈雷·布什说，为维护巨额的福利，政府就要保证财政收入，就要提高税收，也必然会压抑个人和企业的生产积极性和投资积极性，无论从劳动力市场还是从资本市场来看，都必然大大地降低经济效益。因此，经济发展走向衰落就是一种必然的趋势了。20世纪70年代英国陷入了财政金融危机和经济停滞交替发生或同时发生的滞胀状态中。高福利与高通胀率、高失业率和低经济增长率同时出现，国际收支状况恶化，政府财政赤字巨大。

1979年5月，撒切尔夫人成为英国的第一位女首相。她和她领导的保守党认为，经济停滞不前，所有问题都是国家过分干预经济和企业国有化的结果：为了维护高福利制度，政府不得不建立相关的国有公共部门，且大多数效益不好，服务质量不高。

撒切尔夫人一组阁就痛下决心，反对政府除了稳定货币以外的一切经济干预，强调市场调节和自由经济的内在活力。1979年将政府控股的英国石油公司51%以上的股权卖出，1984年又出售了英国电信公司50%多的股票。撒切尔夫人向世人宣言：民营化不存在规模过大或技术上不能操作的问题。民营化"无禁区"，可以扩展到一切领域。这样做的结果，50多家国企售出，只保留了邮政等极少数公有部门。原来的国企民营化后，在打破垄断的同时，竞争活力得到了充分展现。

甘远志说，高水平的行业竞争带来高水平的服务，给他留下最深刻印象的一件事就是，剑桥大学的王浩博士家里只有一台电话，一条线路通到他家。但他却可以通过这台电话机和这条电话线路，根据不同的电话公司在各个时段和各种用途的电话收费价格，选择不同的电话公司为他服务。因为，有的公司在周末话费便宜，有的公司在夜间话费便宜，有的公司国际话费便宜，不一而足。用户有很大的选择余地。

国有企业民营化后怎么办？怎样在打破垄断的同时，在这些领域里引入竞争机制，并有效地避免新的垄断。让老百姓得到实惠，让企业得到效益，这些问题都引发了甘远志的思考。

如何寻找行业竞争切入点？英国电力和煤气监管办公室监管政策研究所所长亚娄教授回答了甘远志的疑问。

亚娄教授说："各个行业都有其不同的特点，要根据不同的特点来设计引入竞争的切入点。如电力，它可分为发电、输变电和配电三大块。输变电主要靠的是线路，是固定的投入，不好引入竞争，我们就将竞争选在了两头，即选择发电和配电作为竞争的突破口。这两头也是投资见效相对快一些的地方，而输电的网络，则由相关公司通过竞争进行租赁。在竞争中，发电企业增加了，发电量已超过了用电量。用户已可在超级市场上像买其他商品一样选购某个公司的电。"

英国政府把大批国有企业民营化后，只是用法律和制约机制来实施管理，重点是反倾销与反垄断。英航与美国的泛美航空公司曾经拥有希思罗机场42%的起降位，占了整个客源的60%，而两家航空公司又准备联合。在希思罗机场只占有2%起降位的维京—亚特兰大航空公司便奋而向欧洲法庭起诉，状告他们试图垄断市场，使本来就处于竞争不利一方的小公司受到了威胁。状告成功，维京—亚特兰大航空公司获得60万英镑的赔款。

对政府和私人如何在公共领域投资的问题，中改院考察团最后走访了泰晤士供水公司。公司高级顾问、前水资源部主任杰姆森教授介绍，公司在伦敦从事供水业务已有70多年的历史，在英国为730万人口提供服务，为1200多万用户提供废水处理。公司1984年开始民营化改革，经过5年的改革，拥有大笔资金后想投资，但英国的供水和废水处理的市场已经达到饱和，便在保证国内正常服务的前提下，将公司的业务从英国本土延伸到了包括中国在内的海外广大地区。目前在国际市场上的业务已高达30亿英镑，在海外有54家饮用水处理公司，为500多万人提供着服务。

当然，无论企业和银行采取怎样的方式投资，要在英国这个已经相当发达的国度能赢利的投资机会已经不多了。随着产业结构的变化，1971年—1996年，英国的制造业从业人口在就业结构中所占比重从30.6%下降到18.2%；农业的从业人口从1.9%下降到1.3%，服务业从52.6%上升到75.8%，但发展的空间十分有限。对于那些拥有雄厚技术和物质力量、长期从事第一产业和第二产业的投资者来说，在海外投资便成了大势所趋。

考察团秘书、院长助理苗树彬说，甘远志真不愧是记者，在英国考察期间他不但认真听取情况介绍，提的问题也很到位。甘远志的脑袋上就像安装了一部天线雷达一样。一次，我们看见一架直升机盘旋降落在了伦敦街头一处绿地广场上，甘远志急忙掏出相机，抓拍起来。事后英国陪同考察的人员说，这是维京—亚特兰大航空公司的一项特殊业务——为医院提供紧急运送急诊病人的专机服务。甘远志后来把这张照片用到了此次专访的专稿上。

3月6日，离开伦敦的时候，天色已近黄昏。当"空中客车"飞越伦敦上空时，看到如血残阳下的雾都，甘远志不禁轻轻地吟唱起了徐志摩离开英国时的名诗："轻轻的我走了，正如我轻轻的来……"

生命辉煌

2001 年 8 月 -2004 年 9 月 4 日, 甘远志在海南日报工作 1095 天, 采访写作稿件 1051 篇, 其中被报社编委会评定为好稿 162 篇。

甘远志再次回到党报记者工作岗位时, 他找回了在南充日报时的感觉——深入基层, 天天与新人、新事打交道, 生活中充满无限激情! 从驻站东方到分工跑经济新闻——解析东方化工城、为生态药业鼓与呼、寻找发现南海油气苗第一人、搭乘瓜菜列车去北方——永不知疲倦! 2004 年 1 月至 8 月的 200 多天, 34 个头版头条——这是血肉之躯所能为?

一千个日出, 一千篇稿件, 一个记者为此付出了自己的节日、假日、睡眠, 究竟是什么精神支撑着他? 海南日报社总编辑常辅棠说:"共产党员的事业心、敬业精神和不尚空谈的采访作风鼓舞着甘远志, 这也是他留给报社同事的宝贵精神财富。小甘太爱新闻了, 外出采访第一时间看不到报纸, 他习惯打电话问同事, 某某稿子见报没有。他说, 报上一天没有自己的名字, 心里就有说不出的滋味。"人民记者人民爱, 甘远志像战士一样倒在了采访第一线, 海南各界干部群众泪洒椰城。千万人呼唤着:"远志你别走, 我们还想天天在报上看见你。"

→ "破格"进入海南日报

★★★★★

2001 年上半年,《新世纪》周刊"转轨", 准备转给一家企业主办, 甘远志面临着一次人生的抉择。

去内地某知名杂志社, 还是去岛内某大公司, 两家单位都表示了优厚的待遇和不错的职位选择。此时, 甘远志对两个选项都犯了难，离开海南，真舍不得这里的蓝天白云和青山绿水；去大公司，收入虽高，但远离了喜爱的新闻事业。

甘远志每遇高兴或犯难的事，都喜欢与妻子王瑛来到海口西海岸的假日海滩，仰卧在沙滩上，任海风吹拂，听涛声喧闹；遥望大陆，或放声高歌，或低头沉思。

"去海南日报当记者！"甘远志望着海口市区的万家灯火，做出了最后的抉择。一个下午的思考，使他不再犹豫了。王瑛问丈夫，去海南日报行吗？甘远志充满信心地答道：我看，行！年初海南日报社招聘《特区展望》杂志总编辑，我去应聘过，报社几位老总对我的印象还不错。再说，我这次去，只应聘编辑记者，要求不高。我看，恐怕行！

时任海南日报社党委书记兼社长的周文彰，对甘远志的印象的确如他自己的猜测，还真不错，用时下的话说叫有感觉。

海南省委常委、宣传部长周文彰回忆起当初甘远志进入海南日报社的经过，仍十分感慨。他说，当时我兼任海南日报社党委书记、社长，甘远志这个人我早就知道他的名字，因为我本人在海南，长期以来研究经济特区，《中国人民大学复印资料》每年最后几本复印资料叫"开放地区和经济特区专辑"，这是我们研究经济特区的人经常要翻的，有各方面的研究成果和信息动态，上面就经常刊有甘远志的文章。甘远志的身份是《新世纪》周刊主编，他的文章比较多，同时质量也比较好，对经济特区热点问题、前沿问题抓得比较准。

周文彰说，甘远志先是报名竞聘《特区展望》总编辑。一个笔试一个面试，甘远志当时的成绩在前几名，第一名是江苏的一个考生，甘远志那次没有竞聘上。

不久，甘远志提出想进海南日报工作，按照当时进海南日报的规定，我们实行人事制度改革，有这么几句话：招聘进人，竞争上岗，合同聘用，档案随人。按照规定，甘远志除参加笔试外，还应参加招聘的面试。

周文彰回忆说，甘远志笔试后，我就开始考虑，他的才华没得说，比较优秀，但为人腼腆，不善言辞，口试对他是个难关。当时我就和报社总编辑常辅棠、副总编辑张松林商量，还有老郭、潘正文，他们对甘远志也比较熟悉，印象也比较好，都同意他可以免面试。报社党委经过研究，决定打破惯例，以一种特殊的"破格"方式把甘远志直接调入报社。

海南日报总编辑常辅棠说，近十年来，海南日报的记者招聘全部是面向社会，通过笔试、面试和实践考查进人，这种方式已经进行了六七次了。招甘远志的那一次也是通过这种方式。当时100多个人参加笔试，进入面试的包括甘远志在内共有30多个人，笔试面试成绩相加，招录进来的接近10个人，小甘笔试成绩不错。

常辅棠说，甘远志很执着，说很想到海南日报来工作，希望我们给他一个机会。我当时在国内的一些杂志、网络上也看到过小甘的文章，《新世纪》上面的一些东西我们也看过，他确实是一个思想比较缜密，有深度和逻辑的人。看他态度比较坚决，而海南日报当时采编岗位正好缺一个有一定工作阅历，又有理论积累、思想学识丰富的人，所以我也支持"破格"录用甘远志，把他安排到理论评论部，主要做评论工作。

海南日报社经济部主任华晓东回忆说，甘远志来报社时，已经是有点名气的记者了，他给我印象最深的还是勤学精神。当时，他写的稿件理论色彩比较浓，缺少新闻稿件应有的短平快风格。当时，报社的同事建议他，写作上要兼顾生动和灵活的手法。

华晓东说，小甘对这些建议非常重视，经常找我们聊天说怎么样来改变自己的写作方式。副总编辑

△ 2004年，省领导慰问西沙驻岛官兵，甘远志随同采访，小伙子是那么英姿飒爽

廉振孝给他找来了很多新闻方面的书籍，他一本又一本地仔细钻研。

很快，甘远志的新闻写作水平就有了长足的进步，最后写出来的稿件，在题材和体裁上都有创新。后来，很受读者欢迎的《发现油气》《跟车手记》之类的新闻连载形式都是甘远志打出来的，这都归功于他扎实而丰厚的理论基础和善于学习的作风。

→ 驻站东方

★★★★★

到基层去采访，可说是甘远志选择海南日报社工作的主要动力。甘远志把下基层，视为新闻人生命的原动力，他常挂在嘴边的一句话就是，从基层跑来的消息最鲜活。

甘远志刚调到报社理论评论部，就笑着对同办公室的同事钱跃说："今后请多关照。"

钱跃轻轻拍打着甘远志那宽厚的肩膀说："真巧，我来报社工作前，一个单位办公室上班近7年的同事是四川南充人，我找的老婆也是南充人，如今你又是南充人，今后咱们可得互相关照呀。"

甘远志憨憨一笑说："我不打算在理论评论部待太久，还是想从一个记者跑起，最好能让我到下面市县驻站。"

钱跃有些吃惊，说："你想下去，跟小年轻比，你跑得过他们吗？"

甘远志很坚定地说："我是记者，不下去怎么出新闻？再说，跑基层我还有一些经验。"

按海南日报社的人事工作规矩，新进来的编辑记者，首先要去驻站半年，再考虑下一步的工作安排去向。甘远志作为一个"破格"特例，直接进入编辑部工作，大家认为是报社对他的充分信任，但哪知甘远志对这份"照顾"并不领情。

常辅棠说："小甘上班一个多月后，一天，他来办公室找我，敲门声音很小，不敢进来。我把他迎进办公室，他也仅坐在沙发一角上。"

甘远志略显腼腆地说："常总，进报社，我就想当记者，想下去驻站。"

常辅棠说："我看你也不小了，36岁，有家有口，在偏远的市县去驻站，工作很辛苦。你就安心把评论做好，评论也是新闻的一个品种嘛。"

甘远志仍坚持要到基层去，他说："本来自己进来的方式就已经比别人特殊，不想只坐在办公室里，那会显得更特殊，脸面上和心里都过意不去。"

甘远志还用在南充日报的经历，来说明让他下基层去的理由。他说，在南充日报，他就是先当三年记者，然后才干四年编辑工作的。

常辅棠看拗不过他，就说："你想到哪里去呢？"

甘远志说："到哪里都可以，只要能下去就行。"

常辅棠说："那就去儋州吧，那里有两套房子，工作和住宿条件都还可以。"

那年底，一直小雨不断，下了十几天。常辅棠带了四五个人去儋州、东方等中西部记者站，看看驻站记者们的生活工作情况，有没有需要与当地政府协调的事，或者还有什么不方便，需要报社领导解决的问题。

当时儋州记者站有一个老记者，四个新记者：庞文娟、卓上雄、杨宗保和甘远志。

以前儋州站的几个记者，内务卫生很糟糕，到处是乱七八糟的东西，根本没办法坐下去，更不要说生活了。

常辅棠说："这一次我进去，可能是年轻人多的原因，窗明几净。只是有一个房间床铺不一样，一张书桌上面放了些书、文具，床上有凉席、枕头和毛毯，我用手摸了一下，凉席上很厚的一层霉斑，桌子上也落了很厚的灰。"

常辅棠就问，这间房是谁住。他们说是小甘，他离开记者站十来天了，在下面采访。

常辅棠回忆说："当时我就不高兴，因为那段时间又没看到他的稿件，我想他可能是年龄大了，家庭事情比较多。本来在理论评论部，还希望他能够发挥点作用，他却要求来驻站，又见不到他人，这根本就是托词嘛。"

常辅棠一行接着又去东方市，市委书记是李永春，与常辅棠的个人关系比较好。常辅棠想去看看东方化工城的建设情况。

到东方之后，常辅棠下车一看，甘远志竟然在李永春后面站着。

李永春说："常总，你们这小甘很厉害，没几天就把东方的情况都摸熟了。我们开会的材料都是小甘准备的。小甘说觉得这里挺好的，到下面来做一点积累，说话也很谦和。"

常辅棠回忆说："我们聊天的时候，小甘还拿本子在记录，我心里反而觉得很内疚，人家一头扎在下面，哪里也没去。对这个细节我触动很大。从那时起，我对小甘确实刮目相看。"

不久，甘远志就提出，要求到东方驻站，李永春也打来电话，要求小甘常驻他们那里。于是，报社就正式派他到了海南岛西部最偏远贫困的东方市驻站。

当时，东方记者站已近乎瘫痪：一间8平方米的小屋，一张简陋的书桌。狭小的房间，满屋的灰尘，屋角上还布满了蜘蛛网；没有交通工具，老式空调嗡嗡作响。

东方市委宣传部副部长符巍回忆说："我一边帮甘远志收拾房间，一边半开玩笑说，你在中改院当主编，已是副处待遇，还到我们这里来吃苦，图个啥？"

甘远志哈哈一笑，说："当记者，是个金不换的差使，美着呢。下面是艰苦，但艰苦更能锻炼人。既然选择到了东方，就不管困难有多大、付出多少，一定要干出个样子来，给东方人民，给报社领导和同事一个交代。"

甘远志没有半点怨言，精神状态好，这使符巍很感动，心想人家"正规军"从海口下来吃这份苦，咱这"游击队"一定要发挥人熟地熟的优势，真心实意地多帮帮他。符巍不仅用摩托车带着甘远志去购置生活和工作用品，还找来了一大堆有关东方市政治、经济和文化方面的资料。

符巍说："在后来下乡采访中，我们坐班车或摩托车，跑厂矿，去农村。累了，在树底下歇歇；饿了，在路边小店吃碗汤粉。"

符巍回忆说："2001年8月的一天，我和甘远志骑摩托车到位于山区的乡镇大田乡仁恒香蕉基地采访，因为路途远，又加上下雨，我们在泥泞的路上跑了半天还没到。一不小心，我又把车开到泥沟里，我在前面猛踩油门，他在后面推。费了不少劲，总算把车弄出泥坑，但我们已溅得满身是泥，衣服也湿得差不多了，皮鞋里也装满了水。"

符巍说："甘记，你看我们这副样子怎么去采访，路还有很远呢，到那里也不一定见到种香蕉的老板，我们还是回去吧。"

"不去了？哪有做事半途而废的。"甘远志略带责备的口气说，"你不去，我自己去。"

当他俩来到这个农业基地时，种香蕉的老板还以为他们是附近的农民。但看了他俩的证件，老板笑了，他们也笑了。这次，由甘远志执笔采写的《"金大田"香蕉跑赢了市场》在8月13日的《海南日报》头版刊发。

很快，甘远志便稿件频发，半年多时间，写下了一大批稿子，现在读来都津津有味。如《小腌瓜挺进大市场》《台商巨资改造海防林》《把假干部通通清退》等。

符巍与朋友议论起甘远志来，总是羡慕他线索多，信息广。

一次，符巍问甘远志："甘记，为什么你总有写不完的新闻题材？"甘远志回答说："有些线索是报社提供的，但更多的是朋友提供的，你要在自己分工和关注的领域及社会的各个层面，拥有一批专家、官员和群众朋友。只要报道需要，就可以列出一大堆名单，这些人就是你采访的切入点和突破口。"

妻子王瑛说，远志刚到东方驻站时，学摩托车时摔倒了，手腿大面积擦伤，不能冲凉洗澡了，也不吭一声。后来，还是东方的朋友说了这事。

两三天后的双休日，王瑛到了东方，本意是给丈夫洗洗衣服，陪陪他。哪知见面后，甘远志还埋怨她说，碰破一点皮有什么了不得的，这么远跑来干啥？

第二天一大早，甘远志就把王瑛叫醒，说一块去广坝乡采访。他俩坐班车去广坝乡，开完座谈会，甘远志又提出到村里看看。通往村上的公路多处被洪水冲毁，他们搭上摩托车赶路，下车蹚水，从乡上到村里花了两个多小时。

采访完，回到东方市委招待所已是深夜。此时，甘远志的大腿与裤子全

O78 •

粘上了,血肉模糊。王瑛见状,不敢给他脱裤子,找来白酒,往大腿粘连处慢慢倒下。甘远志痛得牙齿直打战,额头冒虚汗。白酒浸透下去后,才换下了裤子。

熟悉甘远志的人都知道他喜欢唱歌,在东方驻站期间,他是东方露天卡拉OK的爱好者。

一次晚饭后,甘远志建议去唱唱歌。

卞王说:"我来安排。"

甘远志反问道:"你怎么安排?"

卞王说:"借你的大名找个领导买单很容易啊。"

甘远志答道:"千万不要找领导,不能给领导添麻烦。"

于是,甘远志和卞王来到一个露天卡拉OK点,花十多元钱尽情唱了一个晚上。

→ 谁不向百姓负责就揪住他

☆☆☆☆☆

当记者,就要敢于为老百姓说话,要为党分忧,把自己看到的又不便立即公开报道的情况,口头或以内参形式,及时向上级部门反映。这是甘远志很看重的一条原则。他说,党报记者应该是党与人民之间的桥梁。

2001年10月初,甘远志听说东方市广坝乡党委书记卢运利带领的党委班子很年轻,30多岁,很有冲劲。为了改变广坝的面貌,广坝乡的干部们进村入户,切实帮助农民解决生产生活中的实际问题,受到了群众的好评。

这个过去很落后的贫困乡,如今少数民族危房改造,热带水果种植和扶贫开发充满了活力,各方面工作都有了新的起色。

甘远志在广坝乡采访时,关心地询问卢运利:"乡财政状况怎么样？"

卢运利说："我们乡财政情况不太好，财政所长杨海新每月只到乡里来两次。最近，乡上有急事找他，连续打了一个星期的呼机都找不到人。"

"有这样的干部？"甘远志显得有些疑惑地问道，"他靠什么要特权，一月只上两次班？"

卢运利说："杨海新是管钱的财神爷，我们都敬着他点，他是市财政局管的干部。"

对杨海新很少到乡里上班的事，甘远志又问了几个乡干部，得到的情况大致都差不多。杨海新一般只是每个月乡机关发工资的时候，才到广坝乡来一趟。由于他长期不在工作岗位，乡里人员的财务报销，都得到东河镇他家里去找他。广坝乡财政所只有杨海新一人，如果他不来广坝上班，涉及到财政方面的工作就不好办理。

甘远志对杨海新身为广坝乡财政所负责人，却以广坝乡财政工作不多为由，一直住在东河镇家中的事很愤慨。现在各地都在贯彻党的十五届六中全会精神，转变干部工作作风，而杨海新身为财政所负责人，却长期待在家中，只有机关发工资的时候，这老兄才到单位转一趟，露个脸，乡长书记要见他一面都十分困难，打呼机也找不到人。一般的干部群众，要找他办个事，还不抓瞎？像杨海新这样的"小官爷"，住在家中不上班，那就只能让他下课，干脆让他待在家中好了。

甘远志把杨海新长期不在乡政府上班的事向市委书记李永春做了反映。李永春对此高度重视，他表示，杨海新"长期不到岗，这是十足的衙门作风，哪像一个人民公务员。这种严重的官僚主义作风必须严肃查处。"

东方市财政局随即派出调查组到广坝乡调查，在查实群众反映的情况基本属实后，10月22日，经东方市财政局长办公会议讨论，决定免去杨海新广坝乡财政所负责人职务，并报市委组织部备案。

在处理杨海新后，东方市举一反三，要求全市党政机关严肃纪律，对干部作风问题进行一次大整顿。市财政局利用杨海新问题教育全局干部，要牢固树立服务意识，彻底转变工作作风，绝不能有"官老爷"意识。

东方市委书记李永春说："干部就要真心实意地为老百姓办实事办好事。谁不对基层负责，谁不对老百姓负责，就坚决叫他下课。类似问题，发现一个，处理一个，绝不手软！"

10月25日，甘远志采写的《东方查处"官老爷"》在《海南日报》头版刊发，还配了"短评"：就应让他待在家里。

一次，甘远志去东方化工城，他发现中海油"富岛"二期工地似乎停工了，往日人声鼎沸的忙碌场面不见了，工地显得十分冷清。他就问该项目组副经理尹刚："你们不是说，这个项目很重要，上面对进度催得很急嘛，怎么又停下来了？"

尹刚说："有人要强行垄断石料运输，把运费提高了许多，不允许其他人运，还放出话来，运石料，只能用他的车。谁敢给我们施工现场拉石头，就砸车、打人，我们这个地方的整个石料运输都中断了。"

甘远志经过调查，得知这个放话的"强人"是东方市检察院一位干部。这位在当地能呼风唤雨的"强人"，其家族势力非比寻常，与过去几任的市委、市政府领导都有特殊关系。他的家族不仅垄断了当地石料运输，还干着其他一些非法勾当。有人劝甘远志不要调查这件事，说搞不好，他会被人暗算。

甘远志却不信邪，他说，道高一尺，魔高一丈。他就是天皇老子我也不会害怕，这件事我管定了。国家大工程，绝对不允许地痞流氓"揩油"，搞雁过拔毛那一套。

甘远志把了解掌握到的情况给市委负责同志做了汇报。同时，他还在《海南日报》的"内参"上披露了此事。省委书记白克明批示：坚决查处！省政府派出专门调查组赶赴东方，经过一番短兵相接的较量，邪气被镇住了，问题很快得到了彻底解决。

甘远志善于运用批评报道，惩恶扬善，弘扬时代正气。私彩泛滥时，他不顾个人安危，深入"虎穴"，大胆揭开了"保护伞"的秘密；当农机服务收费、中小学收费和农村供电收费乱象初显的时候，他又以敏锐的洞察力，及时敲响了警钟。

➡ 追赶强热带风暴

★★★★★

2001 年 8 月底 9 月初，热带低压扑向海南，逐渐演变为强热带风暴，持续的狂风暴雨，使东方大地洪水肆虐。

8 月 28 日至 9 月 4 日，东方市降雨量打破 50 年以来的纪录，降雨量 815.3 毫米，9 天时间里的雨量接近以往全年的雨量，山区降雨量超过 1000 毫米，其中 8 月 30 日一天的降雨量就达 644.6 毫米。

8 月 30 日上午，暴雨仍在海南岛西部肆虐，甘远志顶着风雨来到市委办公室。他原打算了解一些情况后，向报社发个一般消息，没想到了市"三防办"，心情变得格外沉重了。此次 50 年不遇的大暴雨使东方市所有的水库告急，公路、桥梁被冲毁，19 个村庄被淹。

此时，市委书记李永春已在市"三防办"发出了 20 多条抗洪令，正准备赶往抗洪救灾第一线。甘远志得知市委书记要去抗洪一线后，立即要求跟随前往。

为了解有关海潮的情况，李永春带领有关人员，蹚过险象环生的水毁公路，来到大海边，在风雨中观察海水的涨落。

随后，又赶到最容易出问题的北黎村，当看到市里派出的快艇救出第一批村民后，李永春才稍稍放心地回到市"三防办"。

下午 5 时，李永春又跟市委办公室和市公安局的负责同志，冒着风雨赶往四更镇旦场村，了解那里的干部群众抗洪救灾情况。

甘远志身披雨衣仍全身湿透，唯有笔记本紧紧贴在怀里，人都站不住，但他仍坚持做记录。

东方市委秘书长祈亚辉看见甘远志被暴雨浇得全身湿透，一边看灾情，听情况介绍，还要做记录，便对甘远志说："你就在市委等着，不要再跟我们跑了。晚上回来，我再把看到的情况讲给你听。"

甘远志说："那怎么行，这么大的灾情，我坐在办公室也不会安心，还是亲自看见的东西，写出来踏实。"

连续几个昼夜，甘远志与干部群众在一起吃快餐、啃馒头，现场采访写稿。在暴风雨中，甘远志奔走在抗洪第一线，他了解和掌握了许多党员干部和群众并肩战斗、不怕牺牲、英勇救灾的动人故事。

四更镇的旦场村是昌化江汇入北部湾附近的一个方圆一平方公里的小岛，岛上有居民 234 户 1200 多人。由于地势低洼，每到洪水季节，这里必是重灾区。

8 月 29 日深夜，倾盆大雨，上游洪水滚滚而来，此时海潮亦至，江水海水奔腾上涌。洪灾刚露苗头，四更镇便在上级的安排下转移岛上的村民。到第二天上午 10 时，全村村民基本转移到高处。这时，人们才忽然记起，岛下游的大外岛还有 20 多人。

这时，汹涌的洪水已将大外岛淹没。四更镇党委书记钟家圣紧急从昌化江沿岸征调 3 艘柴油机渡船营救，在村党支书文明高的带领下，冒险驶入滔滔洪流中。水急浪大，3 艘渡船在洪流中来回地寻找，船桨不时地被树枝挂住，文明高他们便频频跳下水蹚掉障碍物，总算救起了 10 多人。

上下来回搜寻，文永福家雇请来养虾的 11 个广东人却了无踪影。到下午 3 时，搜寻还是没有结果，而雨却越下越大，水越涨越高，且乌云密布的天空也开始黑下来了。

东方市委书记李永春向坐镇海南省"三防办"的副省长韩至中再次紧急求援。韩至中迅速指示省政府办公厅，与驻琼空军部队联系，动用直升机，想尽一切办法救出这 11 个人，并指示东方市找准飞机降落的场地，及时汇报旦场村的水情。

三亚某军用机场的直升机奉命出动，但由于气象条件恶劣，直升机始终无法起飞。

下午 6 时，东方市派来的快艇运到四更镇。突然，船工张传能发现了汪洋中的 11 个人，被困 14 个小时的他们站在虾池上，洪水已经齐胸。张传能便小心翼翼地靠近，把缆绳扔下去，然后把他们一个一个救起。

甘远志把以上情景写进了《为了 11 名民工的生命》，刊发在了 9 月 3 日的《海南日报》上。

暴雨过后，甘远志特别记挂着海南富岛绿色农业有限公司的香蕉损失情况。洪水冲毁了通往这家公司基地的公路桥梁，已经装好的 4600 箱香蕉被滞留在大田基地，地里还有成熟的 150 万公斤香蕉待摘。

甘远志对此非常关注，并将这家公司的危急情况向李永春书记做了反映。9 月 2 日，大田乡派出所公安干警以及新岭坡村农民协助公司在河上架起了浮桥。9 月 5 日下午，市领导又从市海洋与渔业局运来一艘渔船帮助抢运香蕉。当晚 8 时，市委常委钟昌美赶到抢运现场了解情况，并涉水帮忙扛运香蕉。到 11 日，该公司抢运香蕉近万箱。

东方市新龙镇新村是这次洪灾中损失较大的村庄，从镇里到该村的入村干道被洪水冲断多处。在洪水中曾组织 8000 多人次保护该村的镇干部和村干部，一待水退，就立即组织群众连续作战奋力抢修。

甘远志 9 月 9 日赶到该村时，这条长约 2 公里的土路已能通车。村党支部书记韩天元说，他们组织了推土机、汽车和拖拉机，把土石运上去，干部带头，群众踊跃投劳，花了一万多元，终于把这条路修复了。

韩天元告诉甘远志，该村近千亩农作物的排水排涝已经完成，现在正在抢修一座小桥。村民们恢复生产的积极性相当高，已有村民到邻近的乐东县买船，一心想把洪灾造成的损失夺回来。

甘远志还在东河镇见到了一支特别的队伍，这就是市委组织部的 13 位同志。他们每人分工包一个村，和驻村干部一起，帮助灾民抢扶受浸水稻，修公路，给灾民送米。

一位老大娘拉着甘远志的手说："记者小兄弟，虽然洪水给我们造成了灾害，但却让我们看到了干部的好作风。你可要好好写写他们帮助我们救灾的事呀。"

在这次抗洪救灾中，甘远志除完成报社要求采写的稿件外，还写出了反响强烈的特写《大坝上的 9 小时》和长篇通讯《洪流滔滔显本色》。

让工业报道的"短腿"变长

★★★★★

孤悬海外，国防前哨，特殊的地理位置，使海南的工业底子薄，基础差，欠账甚多。

海南建省办特区后，省委、省政府提出了"一省两地"的战略发展规划，以建设新兴工业省为主要奋斗目标。同时，加快热带高效农业和热带旅游业的发展步伐。

进入 21 世纪后，海南的热带农业、旅游业以其独特魅力热力不减。以南海油气资源和生态宝岛为"卖点"的新兴工业更是异军突起，成为了经济工作的热点。但多年来，《海南日报》的工业报道却出不了彩，始终是报社采编工作的一条"短腿"。

2002 年初，报社把甘远志从东方站调回经济编辑部，负责经贸和工业的采访报道工作。

甘远志的采访经验和他以诚待人的处事方法，为他迅速打开省城的采访工作局面，无疑起到了很好的铺垫作用。甘远志在与同事交流采访经验时，特别强调，接触采访对象，从一开始，就决不要有就为这个事找他的心态，而要抱着我们从此相识了，今后可要多加关照的请求别人帮助的胸怀。

海南省原经贸厅办公室副主任杨谦回忆说，一天，办公室来了一个脸上挂着笑容的青年，他一见面就大大方方地递上名片并自我介绍，他叫甘远志是《海南日报》采访经贸口的记者。

"向你们学习来了。"甘远志一句看似客套的话，却使杨谦很感动。

杨谦说："看他和蔼坦荡可亲的样子，我们的距离一下拉近了许多。之后，他成了我们办公室的常客，有一段时间几乎天天都来，我手上的所有不涉及机密的文稿都给他看。"

甘远志凭着从杨谦那里得来的信息，很快深入那些信息源部门和单位采访，然后精心写作。不久，杨谦看见甘远志关于经贸方面的稿子一篇一篇见报了，也很为此高兴。

2002年8月，为贯彻落实海南省委四次党代会精神，《海南日报》开辟专栏，8月17日至23日刊发了甘远志的特别报道——现代工业篇《依托资源优势 发展现代工业 东方石化城形成强大产业链》和《兴业聚酯：正在崛起的纺织化纤城》。副省长吴昌元对此做了批示："近来，《海南日报》开辟专栏，在头版显著位置连续报道我省现代工业发展的有关情况，在全省上下引起了很大反响。这些报道，大大增强了人们对发展现代工业的信心，为我省发展现代工业提供了良好的舆论氛围。这对实施'一省两地'发展战略，落实省四次党代会精神有着十分重要的意义。请省经贸厅加强与《海南日报》沟通，及时提供有关素材，进一步加强对现代工业发展战略、典型工业企业成长历程、招商引资成功范例等方面的宣传报道，以促进产业结构调整步伐，推动我省经济持续、稳定发展。"

2002年下半年，甘远志报道新兴工业发展的稿件越来越多，杨谦说："甘远志还专门为我设了一个与他网站相同的电子邮箱，以便联系快捷。尽管我原已有电子邮箱，但他说有时会收不到，要我用专门的电子邮箱给他发稿件。他把稿件整理或改写好后，会再发给我看，尤其是第二天要上头版的稿件，哪怕是深夜12时，或凌晨1时都要发给我看，尤其要我认真核对其中的数字。"

甘远志勇于承担责任，更让杨谦感动。他说："值得一提的是，10年前国务院已批准海南省一个600万吨炼油项目，但由于种种原因，这个项目一直不能启动。如果这个项目早几年建成，加上它形成的产业链和拉动效应，海南的GDP就远远不是现在的790亿元了，工业也不再是海南经济发展的一条短腿了。2003年国家发改委同意该项目作为续建项目。我在一份工作总结里提到这件事。甘远志在一篇报道里引用了这个材料，并署了我的名。当时省领导不想报道这件事（并不是机密），报纸却在头版用它来做副标题，领导同志不太满意。当天下午，《海南日报》就从电子版上撤下这篇报道。厅领导为我解释，说这是杨谦的笔误。对这件事虽然有不同的理解，但甘远志却主动找省领导，说这事与杨谦无关，是他的责任，我至今难以忘怀。"

杨谦说："有幸与甘远志合作发表了近百篇新闻稿，这段历史也成为了我从政生涯中一段值得记忆的美好时光。"

海南日报的同事们认为，甘远志对报社的最大贡献，不光是搞活了工业报道，他还拿下了同时分给他的其他行业。物价，以前是报道空白，甘远志却挖出了源源不断的新闻；交通，以前少有报道，甘远志却发回了一篇篇稿子；药品，以前很少涉足，甘远志将其跑成"富矿"；电力，以前很少有人问津，甘远志将它跑成了"热门"。

海南日报总编室主任任小东说，几任记者都没拿下的活，甘远志很短时间就接手了。哪里有大项目，有重点报道，哪里就有甘远志：《走向新型工业的春天》《2003，海南工业转折之年》等报道，振奋了海南干部群众的精神。

"每次调整记者跑各部门，我最为难的就是小甘。"当时任经济部主任，现任海南日报副总编辑的廉振孝说，"他跑得好好的，又去换人，真有点不忍心。"但甘远志每次都毫无怨言，说出的话让人放心。他说："跑热是工作，调整也是工作。"然后二话不说，又去跑一个新的部门。

→ "电老虎"又吃人了

★★★★★

电力行业的垄断经营，造就了这一特殊行业内不少管理人员的特权思想，且生出不少霸气、虎气来，老百姓便以"电老虎"相称，并不足为怪。

2003 年 4、5 月份开始，受持续干旱和负荷快速增长两个方面因素的影响，海南电网电力供应十分紧张。电力公司请示省政府后，采取了第一次计划限电措施，引起了社会极大的震动，一些企业在商谈时不愿接受限电这一事实，甚至拍桌子，说出难听的话。

特别是一些大企业的怨气更大，因为海南过去一直是富电省。老百姓说"电老虎"又开始吃人了。

海南省电力公司秘书郭凯明说，甘远志在第一时间报道了海南计划限电的消息，其后又连续报道了计划限电的原因和电力公司的一些具体措施。

甘远志在报道中，认真分析了海南如何从一个富电省转变为缺电省的主要原因：以前海南的工业不发达，近年大项目一个个上马，耗电量几十倍地增加；改造农村电网，农网电价与城市同网同价，农民购置电器也越来越多，用电量大增。

省电力公司办公室副主任孙立群说，通过甘远志在报上的释疑解惑，各方都明白了缺电的症结，计划限电也就得到了大家的理解和支持。当电力公司领导向省长汇报限电的主要原因时，省长说，你们不用说了，《海南日报》上都讲清楚了，你就说解决办法。

2003 年 8 月，中国华能集团收购并重组海口火电厂，大部分记者只报道了一条消息，甘远志并不满足常规报道，不仅发了消息，还写了两篇重点报道，一篇是专访《我省引入大企业又一重大举措，华能集团收购海口火电股份》，另一篇则是《盘活国有资产的点睛之笔——我省国企改革以存量换增量述评》。

郭凯明说，前 3 篇报道出去后，社会上仍有很多人不理解，认为是国有资产流失，把好东西卖人了。甘远志又进一步找我们采访，并寻找收集了大量资料，写出了述评《靓女先嫁的启示》，文章以大量生动翔实的事例，深刻分析了"靓女"嫁"佳婿"为何能开创多赢的局面。文章以理服人，让人信服，在读者中产生了广泛的影响。

孙立群回忆说，2003 年海南电力建设史上的几项大工程，如"海底高速电力通道"——琼州海峡电缆工程、全岛电网联网工程等，甘远志都进行了充分报道。令人感动的是，甘远志对一些电力行业的名词术语不能理解时，他总是谦虚地请教，直到弄懂才肯罢休。

孙立群说："一次，甘远志为了搞清楚某大型电站建设项目《可行性报告》

中的'出力受阻'一词是怎么回事。他打电话过来问，我在电话中的解释，他又听不清楚。我就说，你按原话写'出力受阻'吧。但甘远志说，不行，我都没搞懂，不可能以其昏昏，使人昭昭吧。于是从报社骑自行车到了我们公司，当把'出力受阻'弄懂后，才愉快地返回单位。"

甘远志用心采写、解读海南电力事业飞速发展的新气象、新成就，与电力职工心心相印，一篇篇电力发展的稿件架起了他与电力职工的友谊与感情的桥梁。

省电力公司副总经理曾卫和说："甘远志能够理解我们，从报道工作中支持我们，使我们之间产生了一种特殊的情感。我多次看到小甘头顶着采访包在风雨中奔跑，就像一个为了生计而不得不疲于奔命的推销员。一次，我看见小甘挤公共汽车，臂下夹个采访包，我就开玩笑说，你真像个盲流！"

可小甘哈哈一笑："盲流到了，看你怎样应付！"

曾卫和说，我对小甘讲，玩笑归玩笑，你坐公共汽车太辛苦了，费时费力疲惫不堪，你搭"的士"我给你报销出租车票，但他总是一笑了之；我又说给他弄个旧车，开着轻松一点，他更说不用给企业增加麻烦。后来，我说可以给他报销一些餐费，作为对他的一点误餐补贴，他总说自己的工资不低，还有稿费收入够开支。

"我们与小甘的沟通，除了采访外，还有许多私房话。"曾卫和稍显激动地说，"我们曾为小甘抱不平，他在《新世纪》周刊时就当主编了，至少也是个副处吧。30多奔40岁的人了，在报社还只是一个记者，还那么敬业。"

曾卫和回忆说，甘远志对我们的关心，总是憨憨地一笑，并且回答的是很实在的内心话："在我这个年龄段，职位的诱惑力已不是很大了，报纸上天天有我的名字，就很满足了。"

"吃人家嘴软，拿人家手短。"甘远志私下里对同事赵红说，"新闻记者要是与采访对象扯不清楚，新闻也就丧失了独立和权威。"

解析东方化工城

★★★★★

　　符运炜静静地坐在电脑前，鼠标轻轻地点击，寻找着与甘远志合作采写的近百篇稿子，视线渐渐模糊，但脑海中的印象却越来越清晰、鲜明，让他心潮起伏，思绪万千。

　　"与甘远志的认识，是从东方化工城富岛二期工程开工建设时开始的，远志有很深的经济学素养，对海南工业发展有自己独特的见解。"中海油东方化工城党办秘书符运炜回忆说，"远志告诉我说，他要通过报道东方化工城的快速发展，使读者领会到发展工业对海南的重要意义。"

　　2002年初，甘远志的身影开始经常出现在东方化工城的车间、建设工地上，大家见到他就像见到老朋友一样，跟他打招呼最多的一句话通常是"甘记者又过来啦"。

　　符运炜说："两年多来，在平淡的来往过程中，我们成了很好的兄弟，难得的知心朋友。每隔一段时间他总要来电话询问有没有新情况。每逢化工城内的项目有较大进展时，他必定会赶来做深入的采访。"

　　"两年多来，我深切感受到他对新闻的那份执着和热爱。他对新闻事件的调查之深之透，时常令我汗颜。"符运炜说，"采访中他从不随意索取资料闭门造车，总是深入现场，与采访对象进行零距离的沟通，对每一个细节、每一个数据、术语都要搞清楚。"

　　东方化工城富岛二期项目组副经理尹刚说："作为一名新闻记者，远志有着很好的职业道德。两年多来，不仅为我们采写了许多稿子，还出面帮我们解决了一些难题，但从未向我们提出过任何要求，连往返东方市汽车站都不让我们接送。"

符运炜说："远志的文笔很好，我给他发去的稿子，经过他的修改，总能起到画龙点睛的作用。他的文章高屋建瓴，有深度，有思想，读者评价很高。"

2003 年 9 月的一天，甘远志在化工城采访，错过了食堂开饭时间，他和符运炜吃起了方便面。在谈起新闻采访的苦与乐时，甘远志给符运炜看了一条读者发给他的关于《发现莺歌海油气始末》的手机短信："你们的报道写得很好，可以看出，你们是下了很大功夫的，海南人民感谢你们。"

甘远志说："虽然不知发短信的人是谁，那次采访也十分辛苦，但作为一个记者，能得到读者这样的肯定和评价，我感到足矣。"

符运炜回忆说，2004 年 9 月 1 日下午，甘远志刚从洋浦来到化工城采访，2 日上午便又匆匆赶回海口。那天下午我接到他的电话："运炜，我回到海口了，你再考虑一下，我们可以考虑沿天然气化工产业链的角度，再发掘一些素材，报社很重视你们这一块。"

海南日报总编辑常辅棠欣慰地说："小甘真是一块搞新闻的料。三十好几的人，心态仍像 20 岁出头的年轻小伙子，跟踪采访东方化工城项目，善于超越自己，尽情燃烧着一个新闻工作者的激情，十分难得。"

常辅棠所指的是，2002 年国庆节前夕，他和甘远志等人采访化工城富岛二期工程装卸搬运二氧化碳吸收塔的事。这件设备重 450 吨、长 50 米，呈酒瓶状，相当于 17 层楼房的高度，是特大型超限设备，在东方八所港卸载，并拖运至施工现场。这样的大件运输，在海南陆路运输史上还是首次。

常辅棠回忆说："4 月 29 日下午，甘远志对我讲，东方化工城的二氧化碳吸收塔，是海南工业有史以来单体最大的一套设备，今晚进港，明早调装到工地。问我去不去，我说当然去，让摄影记者王军也去。"

30 日凌晨，天还没亮。甘远志就搭"的士"来到报社，与常辅棠等人会合，出发去东方。

晨风中，小面包车在西线高速公路上急速地奔驰，2 个小时跑了 250 多公里路程。常辅棠他们站在八所港码头时，一轮红日早已跃出大海，北部湾畔洒满了金色的阳光。

此时，化工城的党政领导、工程技术负责人都已在现场忙碌开了。

常辅棠说:"各种吊车很多,大轮船很壮观。与技术负责人吴总聊了一会儿,了解到卸船及搬运难度都很大。这时候的小甘已经显露出一名优秀记者的身手了,手机铃声不断,帮我们联系着采访对象。看得出,他与化工城那帮人很熟,人家也很买账。"

常辅棠在小甘协助下,船上船下码头上,从指挥人员到普通职工,不停地采访。由于技术原因,设备整个白天都没有吊装成功。

到了傍晚,东方市委领导见吊装还早,就想请常辅棠到市区吃饭。常辅棠说,当时太饿了,到市区太远肯定不行。大伙商量说就到码头的饺子馆去吃饺子吧。没想到饺子刚端上来,我们有的吃了几个,有的还没来得及吃,就接到电话说要起吊了。我们又立即赶到轮船泊位去。

差一点错过了,已经起吊了。码头探照全打开了,直刷刷地投向起吊设备的大轮船,灯火通明,非常壮观。

在运输现场,甘远志采访了渤海石油运输公司大件运输分公司副经理乔树友,并详细地了解了运输工具的性能、轮胎大小和承重量。

运输使用的是一种100多个轮子的拖板车,小甘很较真,一个一个地数车轮,最后数完是160个。

拖板运输车就像牛车一样,从八所港口到工地大概六七公里,由于体积大、重,运输起来特别慢,拐弯的时候一次还很难拐过来,得慢慢地一进一退,缓缓前行,比人走路还要慢。深夜11时才拖运到位。

常辅棠说:"那种场面,慢是慢,确能让人感受到大工业时代庞大机器的壮观景象。回到住宿的市委招待所,小甘写完稿子,摄影记者王军传了一组照片。凌晨才开始吃饭,小甘仍兴奋得很,像遇到天大喜事一样兴致滔滔,一点疲惫感也没有。"

第二天,常辅棠想知道大件设备安装得怎么样了。清晨,一行人开车去工地,但在大门处被保安拦住了,说不戴安全帽不让进。

后来,化工城的书记来了。说,不好意思,昨天忙了一天,我们还没有起来,你们又都来了,表示道歉。

国庆的上午,甘远志又顶着烈日采访吊装工人和大件运输司机,常辅棠让甘远志注意休息,但他笑笑说:"这种大件运输装吊很难见到,一些细节一定要搞清楚。"

甘远志为此次道路运输之最采写的可读性极强的长篇通讯《安装巨塔的故事》发表后，读者好评如潮。

东方化工城所需要的油气原材料就在附近海域，为了使报社编辑部来的领导们有更直观的感受，甘远志调动多种关系，让常辅棠一行坐直升机飞上了"崖131–1号"钻井平台。常辅棠说，大家都兴致勃发，上去之后，飞机在停机坪上，四周都是大网子，碧海蓝天，感觉就是不一样，人家的管理都很严格。

常辅棠说："小甘在钻井平台上的提问都很内行，材料准备得很翔实、充分。后来他执笔写的《登临崖131–1气田平台》《南海油气是怎么冒出来的》两篇稿子把一个很死板的工业项目写得很鲜活。小甘说再弄两个版都可以。从这一点上就能看出小甘是一个很用心的记者。"

➡ 为生态药业鼓与呼

★★★★★

海南省食品药品监督管理局局长曾渝提起甘远志，想说的话很多，这位从美国留学归来的博士局长笑着说，甘远志与他们局的交往过程似乎可以概括为"球缘"。他说，印象很深的是，一次甘远志投篮时，曾渝跨前一步跳起"盖帽"。不料，球竟然直勾勾地向曾渝飞去，曾渝的脸被砸出了一个大青印子。

曾渝说："甘远志采访时，很文静，甚至还带点羞涩，但在篮球场上却生龙活虎，让人感受到他的活力。这与他写文章很有相似之处，一些看似极普通的事，他能抓出新闻来，并且还很深刻。甘远志是我们局篮球队的'编外'队员，与我们局里上上下下混得很熟。因此，各处室的门都向他开着，他悄悄地来，静静地走，也就无所谓采访不采访的事，他遇着感兴趣的事，想与谁聊就与谁聊，就像谈家常一样。"

安监处副处长杨俊斌说，甘远志来药监局采访之前，海南日报社就已有好几个记者对口药监局采访，走马灯似的换，有侧重写经济的，也有侧重写监管的。关于全省医药监管和产业方面的报道也不少，但是有分量的不多。

在杨俊斌的记忆中，刚认识甘远志时就曾开玩笑地说过："远志，你的名字就是一味中药，你注定要与药发生关系。"

甘远志也高兴地回应道："到了省药监局，我有种回家的感觉。"

杨俊斌说，甘远志的敬业精神使他很快熟悉了医药领域，并很快融入到医药行业。药监局有活动就打电话叫他来，一段时间若没有会议，他也会主动来到药监局，在各处室随意走走转转。

一次，省药监局在琼海大路镇查处一起无证经营的违法案件，甘远志跟随采访，在现场他既采访了办案人员，也询问了案件当事人。查获的药品清理到晚上9时多，甘远志也一直陪着，待清点结束并进行数量核对后，甘远志才认真地在采访本上做了记录。

吃完晚饭回到住处，已经是夜里11时多了。甘远志还以记者的职业敏感，提出不少问题询问陪同采访的杨俊斌，并请杨俊斌帮他收集整理一套反映海南医药产业发展概况的文章以及医药法律法规方面的书籍资料，以尽快熟悉全行业的情况。

聊到夜里12时多，杨俊斌对甘远志说："睡个好觉吧！明天还要赶回海口。""睡不了，我还要赶一篇稿子。"甘远志苦笑着说，"我还欠着很多账啊。"

2003年初，海南省医药工业总产值跃居全省第三位，很是值得浓墨重彩。甘远志元月下旬采写的《医药产业产值跃居全省工业第三位》刊发在了头版头条，第一次向人们报道了海南医药产业的勃勃生机。他在报道中，既写了海南医药的现状，也写了海南医药的展望。因为这篇报道，许多人开始关注海南医药产业；因为这篇报道，医药人开始关注甘远志。

借着医药人的关注，甘远志的触角开始伸向海南医药监管的各个方面。国营药厂的改制、全省药品监督用车的配备、药品监督管理机构改革、查处假劣药品、药品管理法律法规的宣传、恩威药业落户海口等，都引发了他的激情和兴趣。

甘远志跑了许多药厂、批发公司、零售药店以及药监机构，对医药产业的前景充满信心。海南药品产业的很多人都认识他，不认识的人也都知道他，听说过他。杨俊斌说，不是因为别的，而是因为他的采访、他的报道。

甘远志写报道非常用功。他对资料的利用不是简单加减，而是自己分析，透彻的分析让行家都不得不佩服。

杨俊斌说，一次陪甘远志去琼海市采访查处一家无证药店假药案的时候。他花了大半天的时间采访，一个晚上的时间讨论，但是写出来的报道却不到400字。其中有个"先行登记保存"的词，他写上了之后还找人核实什么叫"先行登记保存"。

另一次，甘远志写一篇关于海南省特殊管理药品的报道。写出之后，他觉得许多人对于"麻醉药品"的概念不清，于是夜里打电话向杨俊斌咨询。第二天，这篇报道的"新闻链接"，讲的就是什么是麻醉药品以及麻醉药品的种类。

甘远志的报道准确、实在。他不夸张，一切以事实说话。在真正弄懂之前，他不随便下笔；把事情联系起来分析，不只写表面现象；不只看眼前，更着眼于未来。他有自己的思想，用自己的头脑冷静地观察、分析事实的表象，不随领导的意志为转移。这是他报道的魅力所在，也是他人格的魅力所在。

2003年，中央电视台《焦点访谈》栏目曝光了海口市黑诊所猖獗的状况。当时，该市领导提出要砍掉百分之几十的私营个体诊所，甘远志认为不妥。他采写了内参稿件，反映了各界人士对依法治理黑诊所的看法，认为不能由行政领导拍脑袋，想砍掉多少就砍掉多少。后来，甘远志的意见被省领导采纳。

杨俊斌说，甘远志注意留心每一个细节，不放过每一次的采访机会。每一次他都打破砂锅问到底，还勇于辩论，不急于写报道，在争论中加深理解，水到渠成，再下笔写作。

2004年8月初，甘远志随同省政府主要领导考察海口市一家大型外资企业时，负责人汇报中提到海南对外资企业优惠政策明显不如内地，这位领导既惊讶又生气，要求有关部门进行调查对比。

甘远志比较熟悉医药产业，他觉得在医药企业中应该能找到典型事例说明这方面情况。他就打电话找杨俊斌商量，问能不能找几家企业做一次专题调查。

杨俊斌说，你找对了，企业正急于反映这个问题，恩威药业公司在成都和海口两地都有药厂同时生产"洁尔阴洗液"，亚洲制药公司是在杭州和海口两地同时生产"快克胶囊"，分析对比这两家公司在两地享受的优惠政策，肯定有说服力。

2003年海南取消地产地销减免增值税政策后，一些医药企业正准备撤回内地。甘远志的报道，使他们看到了新的希望，纷纷留了下来，各路投资者也纷纷来海南投资办药厂。

→ # 在抗击"非典"的日子里

★★★★★

海南省食品药品监督局政策法规处副处长吴银华是甘远志的球友，他说："甘远志和每一位队员都相处甚欢，大家习惯叫他'阿甘'。球场上你来我往，大家混得很熟，我们每次开会或是有什么活动，都喜欢叫上他，有了新闻素材也主动告诉他。打完球后，我们也常聚在一起吃大排档。'非典'期间，他与我们的联系就更紧密了。"

杨俊斌回忆，2003年2月，海南全岛出现了抢购板蓝根等抗病毒药的风潮。当时局里开了个新闻发布会，宣布三点：一是要正确引导群众的自我保护意识；二是要求药品生产经营企业积极组织货源，保证市场药品的供应；三是加强市场监管，严惩各种违法行为。

新闻发布会后，甘远志没有立即回去发稿子，而是进一步采访了局长曾渝，并与杨俊斌聊了一些有关广东发生"非典"的传闻以及政府在这方面的责任。

尽管当时"非典"还没有正式被确认，但是，在各种媒体的报道中，甘远志的报道无疑准确而全面地反映了药监局的意图与努力。

"非典"期间，甘远志站到了第一线。海南省药监局的所有活动他都参与了，不知道的人还以为他只跑药监部门，知道的人很惊讶为什么他能够同时跑七八个部门。

在 3 ~ 6 月里，甘远志写的有关医药方面的报道多达 20 多篇。他不只是简单地报道海南药品储备、医药部门如何抗击"非典"、向香港及北京地区捐赠药品等，更多的报道是在宣传海南医药产品质量，弘扬海南医药品牌。

杨俊斌回忆说，那时候我们有很多活动，常常是上午捐药，下午开新闻发布会，每次都要请甘远志来，而他基本上是随叫随到，不放过一次机会。

除此而外，甘远志还利用业余时间，深入海南中和药业、海南金晓制药、海南康力元药业等公司内部，采访战斗在第一线的技术人员，向社会介绍产品的质量、药品的生产过程、药品生产企业的基本情况以及这些企业的核心竞争力。

甘远志对医药产业在"非典"时期的出色表现深为赞叹，在发消息的同时，还发了几篇综合性的报道《非典时期海南医药一枝独秀》《非典过后海南还有大戏》《海南药品进京抗非，省药监局收到感谢信》《打响海南医药品牌，加紧出好药抗非》《生态医药为健康岛增光添彩》，这些报道，不仅宣传了海南医药的整体品牌和整体实力，还宣传了海南的环境优势、政策优势和体制优势。

"非典"期间，海南医药企业抓住了机遇，叫响了医药产品的品牌，海南医药闻名遐迩。甘远志在这一过程中，也做出了一份特殊贡献。

甘远志在"非典"期间采访活动较多，频繁出入各种公共场所，妻子王瑛想法给他买到了 10 支增强免疫力的紧缺药——胸腺五肽。刚说要去医院注射，但一位朋友满海口寻找该药品，说他姐姐肿瘤动手术后急需胸腺五肽。甘远志挥了挥结实的胳膊，对王瑛说："我的身体健康着呢，这药还是用在最急需的病人身上吧。"接着毫不犹豫地将 10 支胸腺五肽送给了这位朋友。

在与药监局的交往中，甘远志还十分关心基层群众缺医少药的现状和用药安全问题。政策法规处处长田怀仁回忆，2003年，甘远志就采写了3篇有关药品安全问题的稿件，《我省建立农村药品配送网络，保证农民兄弟用上放心药》还发在了头版头条。

为写这组连续报道，田怀仁陪甘远志去了海南岛中部山区的保亭、陵水等5个市县乡镇。在保亭一个距县城30多里路的边远黎村，村民介绍，有位黎族同胞腰上生疮用火药涂抹，后吸烟不小心点燃火药严重烧伤了自己，当地没有治疗烧伤的药。保亭农村药品配送中心闻讯后半天内就送去了烧伤特效药，消除了黎族同胞的痛苦。

甘远志听完后十分感动，并将这个小故事写进了黎村山寨缺医少药的报道中。

→ 寻找发现海上气苗第一人

★★★★★

2003年11月，甘远志在《中国石油报》上看到一篇《莺歌海的儿子》的文章，报道王国珍老人怎样在上世纪50年代参与北部湾莺歌海寻找油气田大会战的情况。

这篇文章引起了甘远志的极大兴趣，在新世纪之初的战略机遇期，开发海南油气资源，是海南新兴工业的最大亮点。如能挖掘出新中国寻找海上油气资源的历史故事，对推进海南新兴油气工业的发展有着不可低估的激励作用。

海南日报原经济部主任、现任副总编的廉振孝说，那会儿，甘远志就像吃了兴奋剂一样，跑到我的办公室开口就说："我发现了一条大鱼。"我说："啥事？你能不能慢点说，到底怎么回事？"

甘远志讲，上世纪 50 年代我国石油紧张，全国上下到处找油，曾经在东海打过几个干眼井，都没有找到……但在北部湾的莺歌海海域寻找到了油气苗。

甘远志说要将王国珍老人从广东请来，和他一起去探访莺歌海，寻找发现油气的第一人。

廉振孝就说，报社没有请人来的惯例。

甘远志说，那他自己掏钱请。

12 月中旬的一天，家住广东湛江的王国珍老人接受甘远志的邀请，渡过琼州海峡，下午 3 时来到海口。

王国珍的老家就在东方莺歌海镇，20 世纪 50 年代，他担任渤海 2176 地震队队长，参与了莺歌海的找寻油气大会战。

王国珍说："我与甘记者在海口港接上头后，又继续坐车赶往莺歌海，当晚就在东方过夜。这一夜，甘记者问了我很多问题。我也尽量回忆当年往事，想把一些过程讲得详细一些，协助他完成采访任务。"

王国珍老人依稀记得，当年莺歌海镇的渔民报告发现油气苗的情况有点戏剧性。大约是 1957 年底，莺歌海镇上放映前苏联纪录片《海上巴库》，该片讲述的是前苏联石油工程技术人员怎样发现巴库这个海上大油田的，以及海上石油钻探知识介绍。

纪录片《海上巴库》刚放映不久，场内就炸开了锅。观众们议论纷纷，说莺歌海"沸水石"那片海域与片中说的油气苗冒泡一模一样，我们这里肯定也能钻出石油来。

王国珍老人说，当年报矿的有 3 个渔民，他们是曾汉隆、曾汉高和何发。

甘远志与王国珍老人来到莺歌海镇，多方打听，曾汉高、何发已经过世，村干部做向导，找到了曾汉隆。

73 岁的曾汉隆个子不高，身板硬朗，因脚上生疮正卧床休息。当他听说有客人问"沸水石"海水冒泡的事，便兴奋地说："你们为这个事来？那就找对人了，是我和汉高他们出海时发现的。"

曾汉隆老人回忆说，那是 1954 年夏季的一个大晴天，午饭后，他与 3

位渔民乘坐一艘长 7 米、载重量为 3 吨的渔船，来到当年日本人规划莺歌海盐场开出的水道口外的海面上，收取前一天打锚定置的渔网。

突然，奇怪的事发生了。曾汉隆发现大海像是被烧沸了的开水一样，直往上冒泡，一会儿黄，一会儿蓝，不停地变幻着色彩。放眼望去，这被煮沸的海域，足有一人多宽，10 多米长。

"海水烧沸了！"曾汉隆大声地叫起来，同船的人都觉得惊奇，争着往海里看稀奇。

不久，曾汉隆他们看见"海里冒泡"的事便在村里传开了，世代打鱼为生的村民，纷纷争睹奇观。久而久之，渔民们一边打鱼，一边看稀奇，并给那片海域取了一个非常动听的好名字"沸水石"。

曾汉隆后来也加入了寻找海上油气的钻探队伍，成了一名钻探工。1963 年，钻探队伍北上时，他选择了留在莺歌海镇当渔民，仍旧在"沸水石"附近捞鱼虾。

听完曾汉隆老人的讲述，甘远志说，还要亲眼去看看"沸水石"的油气苗。

王国珍说，坐标位置我有，没有定位系统，找它很难。第二个呢，你晕不晕船啊？出海晕船是很难受的。

甘远志说，不要紧，就是晕船也不怕。

他们午饭都没吃，中午就上船，足足找了 4 个小时。

王国珍说："下午 3 时左右，才找到那个地方。找到那个地方甘记者高兴死了，他说见到那个像煮开水一样，噼噼啪啪，带响。"

那天夜里，10 时过后才赶回海口。甘远志又叫妻子给王国珍找好住处，然后夫妇俩陪着吃夜宵，边吃边聊情况。一直聊到凌晨 2 时多，才与老人分手。次日，清晨 7 时不到，甘远志又赶到王国珍的住处，把老人送上返回湛江的客车，才依依不舍地挥手离去。

廉振孝说，甘远志从莺歌海镇采访完回来，就更兴奋了，在办公室见人就说能写 10 多篇稿子，而且篇篇都好看。等他把整个都写出来，全报社的人都震惊了，在社会上的反响也非常大。

甘远志是第一个将北部湾莺歌海油气开发历史公之于世的记者，他对这段尘封历史的挖掘，每一篇报道都是一个发现，《发现海上气苗第一人》《中国海上第一井》《莺歌海成为中国海洋石油的发祥地》这类第一的报道连载了 10 篇。后来，中国海洋石油总公司将这些报道作为档案收集，成了珍贵的历史资料。

通过寻找发现海上气苗第一人，甘远志与王国珍交上了朋友。王国珍说："2004 年春节，我回海南探亲，试着给甘远志打了个电话，哪知，他还是那么热情，到宾馆来看我，还要我代他向曾汉隆问好。"

➡ 心系"粤海铁一号"

★★★★★

2002 年 7 月 27 日下午 3 时，上海江南造船厂内呈现出节日般的气氛，管弦乐队、锣鼓队、舞狮队各展风采，鼓乐齐鸣。中国第一艘跨海火车渡船"粤海铁一号"即将下水，进入黄浦江进行主机、辅助软件等设备安装。

甘远志作为特派记者，站在上海江南造船（集团）有限责任公司 2 号船台上，不禁心潮澎湃，浮想联翩，海南人民百年铁路梦的一项大工程，火车渡轮就要下水了。它的建造下水，将填补我国造船史和铁路史上的一个空白。

3 时 25 分，铁道部副部长蔡庆华、海南省人民政府副省长吴昌元、中国船舶集团公司副总经理李柱石等 6 人剪断了从船桅一直牵到主席台前的红绸，一瓶香槟酒从高空砸向船甲板炸开，船首的巨大红球绽放成五瓣花形，彩色气球与和平鸽一齐飞上天空。一位工人用斧头砍断一股粗麻绳，在人们的欢呼声中，滑板托着"粤海铁一号"，平稳地进入黄浦江。

此前一天，甘远志已登上过"粤海铁一号"。在船上，他遇见了江南造船（集团）有限责任公司总经理、党委书记顾逖泉，便主动上前，请顾总经理介绍这艘火车渡船的建造情况。顾逖泉介绍说，江南公司对该渡船的建造工作十分重视，集中了3000多名员工，其中1000多人是工程技术人员。该渡船2001年11月22日动工，最初在6个地方分别建造。2002年3月18日，该船进入造船平台，开始拼装合龙。

甘远志在江南造船公司停留的时间并不多，但他很会利用各种机会"突击"采访，能够采访到的有关人士，他都争取采访到。这也是他做杂志编辑时养成的一个好习惯，不满足于采访到发一两篇消息的素材。在海南日报，每遇重大报道，甘远志写的"新闻链接"最多。

这次远赴上海，甘远志说，要对得起报社领导的委托，更要向读者负责。因此，对"粤海铁一号"下水仪式的报道，他不仅仅停留在对"粤海铁一号"的介绍上，也尽量容纳了对江南造船（集团）有限责任公司及造船知识的介绍，增大了报道的信息含量。

甘远志在报道中，对以下一些背景知识的描述，得到了读者的好评。顾逖泉说，从1900年算起，江南造船厂已建造了2278艘船舰，但建造跨海火车渡船还是第一次，而且在我国也是第一次。火车渡船需要融汇铁路轨道建造和舰船制造技术，而且防摇晃性和安全性要求特别高。

在《轮船下水趣闻多》这篇消息里，甘远志写进稿子的"趣闻"注重知识性，可读性极强。"轮船在船坞的船台上制造和拼装合龙，就如同婴儿在母腹中。下水虽不能说是建成，但毕竟算出世，所以要举行隆重的仪式。又因是脱离母腹，故要命名，要剪彩，要割断"脐带"，而且要有女性参加剪彩。"

"轮船下水时，都要在桅杆上拴一瓶香槟酒，一头系在船上，一头系在剪彩人身旁。剪彩者剪断彩带后，酒瓶即坠下，一般讲究是，酒瓶掉到甲板上炸开为最好。"

介绍"粤海铁一号"时，甘远志也很注重知识性和准确性。在形容这个庞然大物时，他都用严谨的数字说话，但又不显枯燥。

"固定锚位的大铁锚链就有64厘米粗，两个侧推螺旋桨有一人多高。整艘船所用的钢材达到6000多吨。"

"粤海铁一号"是舰端开敞式渡船，共分三层，分别装载火车、汽车和旅客。渡船总长165.4米，宽22.6米，从船底至火车主甲板高9米，至汽车甲板高15米，设计吃水深度为5.5米。

"粤海铁一号"火车甲板有4股长约145米的铁轨,可装载40节长14米、重80吨的货物列车,或18节长26.5米的旅客列车。同时,第二层的汽车甲板还可装载汽车56辆。渡船后半部设置旅客舱室,可载旅客1360人。

　　这艘造价2.1亿元、由中国船舶工业第708研究所设计的火车渡船,具有很强的抗风能力,可在八级风下正常航行。

　　船长陈礼业告诉甘远志,下水后,将继续进行水上施工。三个月后,再驶向琼州海峡。

　　自从"粤海铁一号"进入黄浦江后,尽管甘远志已离开上海,但他的心却拴在了"粤海铁一号"上了。特别是"粤海铁一号"完成内部设施安装任务,就要驶向琼州海峡那些日子里,甘远志一天几个电话与船长陈礼业保持着热线沟通联系。

　　陈礼业曾经笑话甘远志:"甘记者,你是不是把我的手机号码出卖给了《广州日报》和《南国都市报》的记者了,他们怎么也老是打我的手机,他们可是不知道我手机号码的哟?"

　　甘远志笑着回答:"谁叫你是新闻人物呢。关心你,就是关心粤海铁路。你什么时间到海口,粤海铁路什么时间才能开通。"

　　廉振孝说,甘远志抢新闻意识很强,但他并不独霸新闻信息,而是喜欢与同行共享。

　　11月21日,"粤海铁一号"一出吴淞口,甘远志就拴住了陈礼业,海上航行三天三夜,他全程电话跟踪采访,每隔一段时间就要与陈礼业通话询问一些情况。

　　因此,甘远志对"粤海铁一号"跨越东海,穿过台湾海峡,一路劈波斩浪;沿途最大阵风达8级,海浪最高达3.5米;全程1125海里,平均时速为15.1节,最大时速为16.5节,耗时74小时30分抵达琼州海峡的情况,都了如指掌,并一一写进了稿件。

　　甘远志写稿力求严谨,决不报糊涂数字,是许多采访对象一致的感受。陈礼业说，很多次深夜1时多了，床头的电话响起，电话那头准是甘远志的声音："实在对不起，这么晚打扰你，有个数字要核对一下……"甘远志用这句话打扰过许多人。

11月24日，"粤海铁一号"抵达海口港。常辅棠说："这对于海南来说是一件很大的事情，那时候小甘天天有报道见报，我说你是怎么获得这些情况的? 他说，他跟船长混熟了，每天都用手机保持联系。"

常辅棠说："11月23日晚上，甘远志告诉我说，明天上午或中午，'粤海铁一号'到达海口港外锚地，问我去不去，我说这么大的事，肯定要去看一看，见证一下这个历史时刻。"

常辅棠回忆道：我们定好坐边防局的巡逻艇登船。可第二天海面刮起了七八级的阵风，大浪有2米多高，锚地离岸边有五六公里，边防局的巡逻艇参加演习去了，我们急得没办法。没有水上交通工具，根本就上不了"粤海铁一号"，船长陈礼业劝甘远志今天就不要上船了，等风浪小了再上去。

怎么办? 大家商量认为，这么大的新闻，上不了船就等于没有到现场，决定还是要上船。当时只有西海岸的假日海滩有小游艇，很小，极有可能被波涛掀翻。大家思来想去，考虑的最终结果仍是到假日海滩花800元租游艇，这时已经是下午3点多了。

常辅棠说："考虑最多的是摄影记者古月的那一套设备，海水一打湿基本上报废，还有省电视台小符的摄像机，大家都穿着雨衣，用胶布把设备裹得严严实实。但浪花时常从头顶飞过，穿了雨衣，根本没用，全身都湿透了。"

让人料想不到的是，小游艇很难靠拢"粤海铁一号"，小艇围着大船绕了三圈，发现一艘渔船，是《海南经济报》记者张越和《广州日报》的一个记者，正往"粤海铁一号"上靠，他们先上去了。甘远志他们的小游艇靠上渔船，陈礼业从"粤海铁一号"上面放下软梯，用绳子将他们拴着拽了上去。

上去后，甘远志还生了一通闷气，捶胸顿足，说是作为一个一直跟踪采访的记者，没有第一个登船真要后悔一辈子。但一会儿，甘远志就把情绪调整过来了，凭着积累的大量烂熟于心的资料，给常辅棠他们当起了向导，这个是阿尔法雷达，那个是安全撤离系统……

"粤海铁一号"驶进铁路码头后，甘远志经常去采访。粤海铁路公司办公室副主任李文奇清楚记得，在粤海铁一号渡轮调试阶段，甘远志背个采访包在现场采访的情景。有次下大雨，他浑身湿透了，还一如既往地采访。"小甘从不提任何要求。大多数时候，自己随便找个地方吃饭。"李文奇说此话时，很是感慨，"这样敬业又没架子的记者很难找了。"

➡ 搭乘瓜菜列车去北方

★★★★★

策划与创新，始终燃烧着的新闻激情，使甘远志不断地思考着怎样搞活经济报道。或许，在某些人看来，这根本不是无官无职的他该管的事，但甘远志就是一个时刻喜欢寻找与策划一些新体验与新生活的那种新闻人。

《海南日报》经济部主编官蕾说，搞新闻是需要激情与创新能力的，小甘勤奋好学、勇于创新。他创议的跟随第一趟出岛瓜菜列车进行"粤海铁路千里大跨越"采访报道活动，不仅使他获得了"甘师傅"的昵称，而且写出了好稿。14篇《跟车手记》既有消息报道内容，更有故事情节，特别是叙述的一些细节很感人，在读者中引起了强烈共鸣。

2003年3月6日上午7时，甘远志与摄影记者古月和海南电视台的两名记者背起简单的行囊，登上了海南岛首次开出的瓜菜"专列"——郑州铁路机械保温段二队267号机械保温车，开始了七天七夜的随车采访。

列车渡过琼州海峡停靠在广东徐闻县北港码头，专程从郑州赶来的郑铁保温段二队队长李红卫登上保温车，交给车组机械长田勇一只老母鸡，算是组织上的关怀。当晚，记者们便喝上了鲜美的鸡汤。

267 号机械保温车组，就是老百姓常说的冷藏列车。一共有 4 节车厢，3 节车厢装了辣椒和南瓜；1 节车厢的一半装了发电机和空调机，是用来控制其他 3 节车厢温度的；剩下的一半 15 平方米的空间，就是 4 名机保乘务员和 4 名随车记者的生活空间。

"甘远志他们能随车采访，完全是甘远志的执着精神感染了我们。"李红卫说，"因为按规定，冷藏车是不允许外人上车的，段里为批准记者是否上车采访开过好几次会，原先是不同意的。一是因为有明文规定，过去也没先例；二是上车后的安全难以保证，特别是下车采访很容易出事；三是不想折腾乘务员，车厢加上厕所只有 15 平米，3 个铺位，记者上车，会增加乘务员的负担。但在甘远志一天几个电话的执着面前，我也感动了，向段里拿出了接待方案。"

李红卫说："后来段领导指示，甘远志他们是随冷藏车远程采访的第一批记者，一定要接待好，既不能影响工作，还要配合记者完成采访任务，让我也从郑州赶到海口。为了照顾好甘远志他们的生活，我们决定把铺位腾给记者，车组人员睡地铺，还买了被子和蔬菜。"

8 个男人，挤在 10 多平米的空间里，不用说工作，生活也是很困难的，但却结下了深情厚谊。

267 号车组的 3 名乘务员，机械长田勇，33 岁，性格外向，什么时候都是笑眯眯的；田勇做饭很有一套，大伙都叫他"三级厨师"，还是车上唯一的共产党员。

傅广俊年龄最大，49 岁，1978 年从郑州铁路机械学校毕业后，一直在郑州车辆段，1989 年保温车辆段成立时成为了第一批机保乘务员。

白冰年纪最小，不到 30 岁，也是郑州铁路机械学校毕业，一入铁路就上了冷藏车，做冷电乘务员。

为了搞好这次报道，报社专门购置了最新款的 GPRS 移动网卡和两台笔记本电脑，供往报社传稿时使用。

由于是在列车上采访，古月说，一路上怎样写稿特别是发稿就像梦魇一样缠绕着他们。先是为写稿发愁，因列车摇晃厉害写不了稿。后来，甘远志摸索出了一条经验：行车时进行采访，与保温车乘务员边聊天，边看车窗外风景，打腹稿；停车时就抓紧时间写稿。

稿件写成后，发稿又成了最大的难题。虽然出发前，报社给手提电脑都

△ 2003年，甘远志跟随粤海铁267号车组北上西安采访瓜菜

配置了无线上网卡，但列车上信号不稳，常常是一两个小时都上不去；若联网上去了，便兴奋得不得了。

列车进湖南后，在湘西的崇山峻岭里穿越一个又一个隧道，GPRS卡一点不管用。有时上了报社的网站，网页却打不开。办法只有一个：用长途电话进入报社点对点的远传系统发稿，但铁路系统上的专用电话往地方的线路接转困难较大，只有到稍大一点的火车站去租借公共电话上网传稿。

列车到怀化车站已经是晚上8点多钟，乘务员老傅说，凭他多年跑车的经验，列车在怀化要停车编组，时间会长一些，可以下车找电话发稿。

由于是瓜菜列车，属于货车，列车开车、停车没有准确时间。只要上了车，一般是不能随便下车的，因为如果下车，随时都有掉车的可能。这一点，上车时，队长李红卫和车组乘务员都反复叮嘱过多次。

为了避免掉车，李红卫安排白冰陪着甘远志和古月下车找电话，这样一旦掉车，白冰也能带着他们搭乘下一趟车追赶上冷藏车。

白冰打着手电，甘远志和古月抱着手提电脑，深一脚浅一脚向火车站外的镇上一路小跑。当看见一个亮着白炽灯的小商店里有一部电话时，甘远志就像发现新大陆一样兴奋得大叫。他快步上前抓起电话一试，居然能拨通海南的电话。

热情的店主虽然不懂手提电脑为何物，还是让他们租用了电话。连接上《海南日报》网络后，甘远志让古月先传，说图片不好传。文字实在不行，还可以用电话口述稿件。就这样，在店主诧异的目光下，两人心急火燎地将稿件发出。

一路小跑回火车站时，这时列车已经开始滑动，甘远志爬车时腿还碰在了车厢上。上车后，甘远志还不停地说，运气真好，总算把稿子发完了。

3月10日，是乘务员傅广俊的生日，与队长和记者们过生日还是头一次。他说，心里真高兴。已在车上过了6个生日，记忆最深的有一次，因没买到菜，吃了一天的酱油下长寿面。

为了给老傅过生日，天刚亮，李红卫便独自往湖北荆门市忙着去买菜买蛋糕。下午3时，老傅带记者们去襄樊北编组站采访完毕，回到车上时，小小的长方桌上早已摆满了武昌鱼、红烧肉、海南苦瓜、菠菜、凉拌黄瓜组成的南北大餐。面对旅途中如此丰盛的生日宴，老傅十分感动，连说这是沾了记者的光。从没切过蛋糕的老傅在李红卫的指导下，用一把大菜刀把蛋糕切成了8份，一人一份。大家都说，蛋糕很好吃。

生日宴会快结束时，等待编组的保温车被其他放溜过来的车厢猛撞了一下。摇晃间，正用手指蘸着奶油往嘴里送的李红卫站立不住，刚好把红红绿绿的奶油糊在了寿星傅广俊的脸上。老傅也像个顽童似的，将手中的蛋糕向李红卫的脸上抹去。车上的人都笑着闪开，两人还难解难分地一个劲地相互抹着。

待李红卫去洗脸洗头时，老傅默默地坐了半晌，然后花着脸，动情地说："我做梦也没想到今天的生日过得如此隆重，有记者采访，有队领导参加。我就是现在退休也值了。这趟车没有白跑。"

3月11日晚7时，本次瓜菜专列抵达西安终点站，郑州机械保温段党委书记刘海新、运转车间主任范晓斐等专程从郑州赶到西安，登车看望海南来的记者和车组人员。刘海新说，你们的消息我们每天都看，还从网上下载，复印张贴。我们全段1000多名职工，为267号车组成为海南省出岛的第一列冷藏车而感到鼓舞，愿为海南反季节瓜菜北上做出更大的贡献。

第二天上午，甘远志又重返昨夜离别的267号车组。他说："今天一大早回到西安西站第一货位，熟练地爬上一人多高的车梯，跳进狭窄的车厢，回家的感觉油然而生。尤其是看到那一张张熟悉的带着倦意的笑脸，竟没有想到分别就在眼前。"

田勇说，昨夜分别后，他们几乎一夜没合眼，车上一下少了 5 个人，车厢陡然显得空空荡荡，他们聊了一夜，回忆起一路和记者"师傅"相处的日子，真是心灵与心灵的交流与沟通。冷藏车乘务员，一出车就是一个月，成天就待在 10 多平米的车厢内，被笑称为"陆地上的海员"，经常是孤独与寂寞相伴，难得与车组外的人说上话，像这次相伴六七天，把过去多少年想说没说的话都说了，心里真痛快。

甘远志与李红卫和 267 号车组的田勇、老傅、白彬 3 名乘务员师傅分手时，心情都很沉重。七天七夜里，并没有多感人的事情发生，大家由不认识到混熟，平平淡淡，但谁也没想到离别时，每个人心里都忽然涌起一阵酸楚。

因为大家心里都清楚，这一别可能就是永别，今后大家天南地北，各人忙各人的生计，很难有再见面的机会。甘远志说，刚上车时，大家叫我"甘师傅"还觉得有些别扭，现在已习以为常了，一车人全是师傅。随 267 号车组跨越海南、广东、广西、湖南、湖北、河南、陕西 7 个省区，记者自认为也成了半个车组乘务员了。

与 267 号车组的师傅分手后，甘远志和古月等乘车到西安市区。一路上，甘远志一句话也没有说。8 时左右住进宾馆，古月放下行李说："远志，走，我带你尝尝西安最有名的小吃——羊肉泡馍。"

甘远志却说，我看咱们还是把稿子写完发回报社再说吧，今天我还要多写一篇，把我们在西安站和乘务员师傅们分手的感受写出来。

说着，甘远志打开笔记本电脑敲了起来。一个多小时后，感动不少读者的《泪别 267 号车组》一稿写完。甘远志读给摄影记者古月听，当读到"傅广俊力求平淡说出'你们一下走了哈，反倒不习惯了哈'，泪水却夺眶而出"时，甘远志的眼泪早已在眼眶里打转，忍不住，泪水还是掉下来了，古月也是边听边回忆边抹眼泪。

当时报社只是要求甘远志把列车抵达西安的消息发回就可以了，但甘远志却一口气写出 3 篇稿子发回报社。

李红卫说，短短的六七天时间，乘务员与记者们建立起了较深的感情和友谊，到西安分手时，我们都掉下了眼泪，握着的手久久不愿分开。第二年 3 月，再次出差到海口又见到了甘远志，他还是那样没啥变化。问起工作他讲还是很忙。我们又在一起喝了酒，还是大口吃肉，大杯喝啤酒，很尽兴。

➡ 一名"编外"交通人

★★★★★

2003年6月，《海南交通报》乔迁新居并召开办刊质量座谈会，交通厅下属各单位负责人近百人参加。

会上，省交通厅厅长李执勇请甘远志上主席台就座，甘远志虽几番推谢，但在全场多次鼓掌推动的情况下，甘远志也就大大方方地登上了主席台。他说："当记者这么多年，我还是第一次坐主席台，这是交通人给我的最高荣誉，更是给《海南日报》的最好评价。也体现了省交通厅对新闻事业的尊重，对记者的尊重，我当这个记者值了！"

省交通厅办公室副主任、《海南交通报》总编辑陈涛说，甘远志和交通口的交往是从2002年初开始的。

那天，《海南日报》经济部主任廉振孝把甘远志领到陈涛办公室说："陈涛，这是我们报社专门负责交通行业新闻报道的记者甘远志，希望你今后对他的工作大力支持。"

陈涛一边和甘远志紧紧握手，一边用近乎请求的语气对廉振孝说："交通是一个大行业，有很多有新闻价值的题材可以写。如果没有特殊情况，最好不要频繁地更换跑交通口的记者。一年多的时间，跑交通的记者已换了五六个人，这不利于记者熟悉交通行业，宣传交通行业。"

廉振孝为了化解陈涛的怨气，既客气又爽快地笑着说："再不会换人了，小甘就交给你了。"

陈涛与甘远志相互一笑，他看出了在甘远志的笑容中透露出的是一种真诚，一种想很快就融入到交通行业中来的迫切期望。

有人说，认真是一种态度，执着是一种精神。这在甘远志的采访活动中体现得淋漓尽致。甘远志把自己融入到交通这个行业中去，深入挖掘重大题材，写出更有深度的报道。在采访中，甘远志从不满足走马观花似的采访和被采访单位提供的新闻简报材料。

2003年5月琼州大桥通车前，甘远志就开始深入施工现场，了解这座桥梁建设过程中的细节问题。为了彻底弄清下沉式钢管混凝土系杆拱桥的特点，他专门到大桥建设工地，向工程技术人员详细了解情况，并到省交通厅查阅了南渡江上所有桥梁的资料。

5月12日琼州大桥竣工通车时，甘远志由于有了充分扎实的采访积累，他不仅写出了《动脉桥　科技桥》通车的消息，还推出了7000多字的长篇通讯《南渡江的跨越》，把南渡江上总共架设了多少座桥，什么样的桥是大桥、小桥、中桥，以及建桥知识介绍得很完美。省交通行业对这篇文章给予了很高的评价，交通厅养护管理部门更是称之为"南渡江大桥建设史上的经典之作"，把这篇通讯作为资料收藏。

海南交通行业的许多新闻都是甘远志给"跑"出来的，陈涛经常使用的皮卡车很多时候就成了甘远志的新闻车。陈涛说，每隔三两天，我们就会互称"甘总""陈总"地进行电话交流，互通信息。不然的话，甘远志肯定会到我办公室来。

甘远志也经常开玩笑说："陈总，你这辆皮卡车就是新闻车，我的许多交通方面的稿件都是和这辆皮卡车分不开的，都是从这辆皮卡车中跑出来的，是一辆很有价值的交通新闻车。"事实上，甘远志的每一次交通方面的采访，都是坐陈涛的皮卡车一起到场采访的。

2003年3月30日，贯穿海南岛中部五指山腹地的主通道——海榆中线最后一段琼中营根至五指山市段开工，甘远志就是坐着陈涛的皮卡车去的。

在营根，甘远志找养护工人了解情况，问过往司机路况如何，向沿线黎族苗族同胞询问公路改造后，交通方面有什么困难；到工程指挥部了解规划标准、建设质量和工期……晚上又忙于写稿到凌晨2时多才睡。次日，《山里人的梦——写在海榆中线琼中至五指山段改造工程开工之际》欣然见报。

6月18日，海南省第一条乡村公路白沙县牙叉镇至儋州市南辰线开工，甘远志去了，也是坐这辆皮卡车去的，稿子次日见报。

7月3日，标志着海南省公路网全面升级的"四横"公路——乐东抱由至九所公路进行改造，也有甘远志忙碌的身影，发头版的稿子仍是在这辆皮卡车中写出来的。

7月28日，海南省政府重点推进的10条公路之一，定安县塔岭至中瑞公路开工，甘远志也去了，又一篇发在头版的稿件从这辆皮卡车中产生。

2004年4月16日，文昌至琼海的文嘉公路改造工程开工，甘远志要陈涛帮助他了解这条路最早的修建时间、技术等级、与其他公路相比有什么特点等情况。

当甘远志知道这是海南省县际及农村公路改造工程项目中里程最长、标准最高、资金投入最大的公路时，又接着说看看还有什么好信息。为了让甘远志获得更多的第一手材料，又是这辆皮卡车把他带到文昌、琼海公路局和工程指挥部领导的跟前。第二天，稿子见报。

有人说，交通行业出不了什么大新闻，但是自从甘远志跑交通口后，交通新闻却屡次见报端。他把大量的时间和精力都放在交通行业新闻的采访及报道上。两年多来，甘远志上跑厅机关各处室，下访交通系统各单位，从公路建设到港航企业改革，从运输市场到出租车司机，从治超到交通安全，从公路生态到平凡的养路工人，从当代交通到桥梁建设史，不论是五指山下还是万泉河畔都能看见甘远志忙碌的身影。

2004年2月25日中午下班后，陈涛正准备离开办公室。甘远志来了，陈涛便请他一起去吃饭，甘远志却没有吃饭的心思，问陈涛手上有没有什么可以报道的信息。陈涛说有一份关于农村公路建设方面的材料，吃完午饭再帮他找。

甘远志说："报社这两天缺稿子，总编室要我多出稿子。今天要我交两篇，现在还差一篇，交不了差。"陈涛说，甘远志非让我找到这份材料后才去吃中午饭。

原来以为甘远志可以在家写稿子了，哪知道下午他又让陈涛开着皮卡车去了解公路投资、建设里程及这些公路项目的分布情况。第二天，《为我省农村全面奔小康助跑——10亿元改造建设10条公路》在《海南日报》头版头条刊发。

　　甘远志两年多时间采写的90多篇交通行业稿件，许多都是生命的透支，是饱含着对交通人深情的杰作。

　　2003年3月，一次深入五指山区采访公路建设活动，清晨6时多甘远志就醒了。头天夜里，因为要写稿，为了不影响陈涛休息，甘远志主动与陈涛换了床铺。

　　陈涛起床后，谈起当天行程安排时，他对甘远志说："昨晚你忙于写稿，凌晨2时多才睡觉，今天又这么早起床，上午还有一场采访，中午休息后，下午再回海口吧。"

　　但甘远志说啥也不同意，说下午3时多还要参加一个会议。陈涛说，你这样休息不好可是玩命啊，但还是说服不了甘远志。陈涛也就不多说，草草吃过中午饭，开车回海口，把甘远志送进了会场。

　　《海南交通报》是省交通厅的一份宣传刊物，报社的每一次活动甘远志都积极参加，与编辑部的同志平等交流，对办刊方向提出了很好的指导性理念。

　　2003年8月，《海南交通报》在保亭召开"关注交通、关注中部、关注生态座谈会"，甘远志在会上发言："《海南交通报》复刊以来在宣传海南公路建设等方面都起到了很好的作用。作为省交通厅的喉舌，交通报要继续扛起交通行业宣传的大旗。公路是经济建设的先行官，既能服务于经济，又能拉动经济的发展，中部地区旅游资源十分丰富，交通部门把路修到了中部地区，就是为了让中部人民走出去。现在路修好，经济也得到了发展，建设好公路，绿化好公路是养护部门恢复和建设生态环境的一项扎实而卓有成效的工作。我相信在公路人的精心呵护下，中部公路绿化、美化将迈上一个新台阶。"

　　10月，《海南交通报》在儋州召开报改刊座谈会，甘远志也参加了会议，并提出了很好的意见："我对《海南交通报》

的感情很深……，报改刊要用心走好每一步，要把杂志办成大交通概念，交通行业的新闻信息量大，对于杂志的深度报道要加强，要当好交通阵地上的旗手，永远冲在最前面。"交通厅领导在办刊上具有超前的观念和意识，要求尽量突出宣传基层，把版面让给基层干部职工，让更多的基层信息出现在刊物上面，增强了刊物的亲和力和战斗力，一定会得到基层干部职工的欢迎。"

后来改刊伊始，甘远志又发来了深深的祝福：在过去的岁月里，《海南交通报》作为省交通厅的喉舌，凝聚了十多万交通人的心声。祝愿《海南交通》以报改刊为新的起点，取得更大的辉煌，成为省内外新闻媒体了解交通的窗口和平台，宣传好海南交通的各项事业。

"我是一名编外交通人。"这是甘远志经常挂在嘴边的一句话，说这话的时候他脸上堆满了笑容，充满了自豪。交通报成立一支交通新闻篮球队伍，甘远志是其中的主力队员，每一次比赛他都参加。2004年8月初，甘远志代表《海南交通》参加了与省公路养护中心的友谊赛。赛后，他与队友们约定9月份到定安县公路局再打一场友谊赛。

➡ 大病住院

★★★★★

2004年5月下旬，甘远志原定随省政府代表团参加6月1日至3日，在香港、澳门和广州三地举行的"合作发展，共创未来"为主题的泛珠三角区域合作与发展论坛。不料，一场心脏疾病已悄悄袭来，在生与死的较量中，甘远志对新闻事业表现出来的那种挚爱，不能不令人扼腕叹惜。

为了准备和参与这场 30 多家新闻单位 100 多位新闻同行参与的新闻大战，一个月前，即甘远志接到与会通知的那一刻开始，他就进行着精心的准备工作。

泛珠三角区域又简称为 "9+2"。由福建、江西、湖南、广东、广西、海南、四川、贵州、云南 9 省区和香港、澳门两个特区组成。内地 9 省区的区域面积 200 万平方公里，占全国的 20.9%，人口 4.5 亿，占全国的 34.8%；生产总值 38846 亿元人民币，占全国的 333%；加上香港和澳门两个特别行政区的特色经济和雄厚实力，泛珠三角在全国的地位十分突出。

妻子王瑛说，为了准备随省政府代表团参加 "9+2" 会议，甘远志白天跑部门，夜里上网查找资料，经常是凌晨两三点还没睡觉。

5 月 29 日，妻子王瑛陪甘远志去省文体厅取到深圳的机票，从省政府大门到文体厅办公室，四五百米的距离，甘远志走了 20 多分钟，停下来 5 次。

看着丈夫苍白、带着倦容的脸，身体如此虚弱，王瑛便催着甘远志去医院检查一下身体，甘远志却坚持不肯去。他还劝王瑛说，明天就要走了，还有很多事要处理。只不过是有点累，休息一下就没事了。等这次会议采访结束后，到广州的大医院检查。

王瑛一晚没睡踏实，次日清晨，她打定主意，如果丈夫不去医院查一下，坚决不让出门。不到 6 时，王瑛就起床准备陪丈夫去医院看病，因为 11 时前就要赶往机场。在王瑛的坚持下，甘远志认为自己身体并没有大问题，也就妥协了，同意去省人民医院做一个心电图，检查一下，让妻子放心。

7 时多，甘远志在王瑛陪护下，来到省人民医院。接诊甘远志的心血管科主任吴志勇看甘远志心脏不舒服的样子，立即开了心电图等几项常规检验项目。检验结果很快就出来了，吴志勇的初步诊断是：冠心病，心血管痉挛引发急性心肌梗塞。必须立即住院，进行 72 小时监护。

甘远志一听说住院，一下大哭起来，说什么也要走，说还有很多事要做，不能住院。

这是王瑛第一次看见甘远志哭，是那样的无助，那样的令人心痛。

见甘远志真要走的架势，吴志勇便堵在诊室门口，甘远志还想硬往外冲。吴志勇一边叫王瑛给报社领导打电话，一边让护士给他打了镇静针。其后，甘远志才慢慢平静下来。

常辅棠说，30日那天早上到报社刚上班一会儿，王瑛就打来电话，说小甘生病了在医院急诊室，他执意要去机场，但现在医生说他的病情很危险。

常辅棠接完电话，立即赶往省人民医院。他在重症监护室看见甘远志浑身到处是小导线、管子。吴主任说，甘远志的冠心病所有指标都超过好多倍，这种情况要下病危通知，随时都有生命危险。

常辅棠说："小甘当时急得没办法，看见我就说，还是想去参会，边说还边掉眼泪，说'9+2'的会议，已经跟了这么久，掌握了这么丰富的资料，在这样关键的时候不能去，非常难过。我给省政府秘书长许俊打电话，说小甘去不了，能不能换人，许俊说可以。我就决定让摄影记者王军文字摄影一肩挑，王军说这段时间和小甘准备了很多材料，可以胜任，这样我也就放心了。我告诉甘远志要听医生的话，抓紧治疗。"

三天后，甘远志从重症监护室转到普通病房后。他就叫王瑛马上回家，给他拿来手提便携电脑。

由于病房不能上网发稿，甘远志让王瑛推着轮椅，把他送到医院旁边的网吧发稿，从网上传回报社4篇稿件。6月10日《海汽员工见义勇为救三命》，6月12日《省食品安全协会成立》，6月14日《海南制药厂瞄准南药生产》，6月17日《未获GMP认证的药厂将被叫停》。

在病房中，甘远志还列出一大堆问题与医生们探讨，说出院后一定可以再做几篇好文章。

住院两周后，甘远志就催着吵着要出院。医院检查没有器质性病变，同意他回家休养。吴志勇说，不要太劳累了，要休息3～6个月。

甘远志出院的当晚，就给新华社海南分社新闻信息中心城区部主任唐炳超打电话说："我没饭吃了，救救急吧。"

唐炳超说："我多次请你，你都推说没时间，今天有时间了吧，我请你呀！"甘远志笑着说："不是的，是没稿件写！肚子里没货了，要吃东西。"

第二天，甘远志就到报社上班去了。报社领导和同事都劝他多休息一段日子。甘远志拍拍胸脯说，你看我什么事都没有，只要有工作干，有新闻写，什么病也没有了，什么累也不觉得累了，人就是活的一口气。

据《海南日报》统计，甘远志6月中旬出院后，仅半个月又发稿12篇。

→ 故乡情深

1965年2月28日，甘远志出生在四川省广安县一位普通工程技术人员家庭。在故乡渠河边上，他上完了小学、中学；1982年夏天，他考上了四川大学中文系。

甘远志的父亲甘元杰1960年毕业于重庆电力学校热能动力装置专业，分配在甘肃电力工业局永昌电厂工作。1962年精简下放回家乡广安县，被安置在县城旁边的中桥电站工作，半年后又调至县水电勘测设计队做技术员；1967年调至南充农机修理厂，1982年评为助理工程师，1987年评为工程师，2000年退休。

甘远志的母亲周贤质，是广安县缝纫合作社职工，1963年与甘元杰结婚后，生下了甘远志、甘小燕兄妹俩。甘远志从小就喜欢依偎在母亲的缝纫机下，看妈妈打花衣服，听妈妈唱那动听的童谣。

父亲甘元杰说，远志虽远在天涯，但他惦念我们的心，时刻都能够感受到。

去海南10年的甘远志，每年最记挂的就是父母的生日。不能亲自敬父母一杯酒，但他会提前两天发回祝福父母生日愉快的电报并送上一篮鲜花。

母亲周贤质长年从事缝纫工作，年老后患上腰椎间盘突出症。为缓解母亲病痛，甘远志不仅为母亲邮购了红外治疗仪，还常给母亲通电话，聊天摆龙门阵，让老人开心。

甘远志每周总要与父母通上两三次电话，还邀约父亲看同一场电视转播足球赛，营造一种天伦之乐的氛围。甘元杰老人回忆道，球场休息时，我们就通话，评球谈看法。老人说，虽然我们各自都有喜欢的球队和球星，但我们父子，还有孙儿都喜欢巴西队，2002 年世界杯赛，小罗纳尔多表现突出，一个定位球就把英格兰队送回了家，至今还记忆犹新。

儿子甘笑非在作文里写道："幼年，我对爸爸的记忆已经淡了。童年刚开始，爸爸就到了千里之外的异乡，每年只能有一两个月的时间可以见面，但是我们的感情却很深厚。因为爸爸信任我、理解我、开导我，我们父子的心是相通的，爸爸的教育方式很特别，他比较关心我的篮球打得怎么样了，询问我最近做了哪些有意思的事情，或者讨论我写的作文哪一部分他比较欣赏。他处处留心锻炼我的意志和胆量，他鼓励我做任何想做的事情。假期他也从不让我参加补习班，他信任自己的儿子在学校肯定能好好学习。我感激父亲的信任，我不会辜负他对我的期望。"

甘笑非回忆说："假期中，爸爸总是喜欢制造一些浪漫的氛围，躺在沙滩上和着潮声给我讲故事；月光下支起火炉烧烤；细雨中海里畅游……爸爸习惯静静地欣赏美景、花草，他会花几个小时精心制作一个蝴蝶标本，或在电脑上设计卡片赠送给我。"

甘远志就兄妹俩，兄妹情深。甘元杰老人说："远志对妹妹既关心，又严格要求。妹妹、妹夫 6 年前都先后下岗，我们都希望他能帮上一把，无论在南充还是海口托关系给他们找份工作。但远志总说，让他们自己想办法，经济上有困难我可以寄些钱。"

为了资助妹妹开家小川菜馆、影碟出租店，甘远志也舍得花钱，但每次生意都不太成功。

妹妹小燕说："这些年已经记不清哥哥给了我们多少钱，总说等我们赚了钱再还他。生意不成功，我想找哥哥出面找个工作，但他总是不愿意去托人说情。我想，哥哥这样做是希望我们通过自己的努力活得更有价值，生活更丰富多彩。"

甘远志对朋友的热情，不仅表现在他灿烂的笑容上，而且让朋友们热在心窝里。

王瑛回忆起这些年来接待家乡朋友的情景时，她说："刚上海南岛时，我们住的是单位租的渔民的房子，工资也很低。但是每当老家有人来，远志都会热情而精心地招待，陪他们去海口的自然景观或名胜古迹参观。"

王瑛说："找不到工作的，远志拿钱送他们回家。这甚至成了我们生活中很重的一项负担，但他没有怨言。有时他小学、初中同学的兄弟姐妹找来，他也从不回避，只要是朋友，能帮的他都会尽全力去帮。粗粗算来，仅花在送朋友回家的路费上，这些年就用去了好几千元。"

→ # 生命的最后乐章

☆☆☆☆☆

8月和9月，本是一个应有台风的季节，但海南岛2004年却没有热带风暴降临，炎热气候，直射的热带阳光，把沥青公路烤得直冒青烟。8月底到9月初，甘远志顶着高温奔走在海南岛最炎热的西部地区。

9月1日下午，甘远志刚在洋浦采访完，没有回海口，就马不停蹄地直奔东方化工城。

9月2日上午用完早餐，东方市委新闻秘书卞王看甘远志实在太累，就叫他在东方休息一天。甘远志笑笑说："谢谢你的好意，心领了。报社还有很多事要做，我得赶回海口。"

9月2日下午，卞王与甘远志通了一次电话，得知甘远志又接到随省领导到东方调研的任务。在电话中，甘远志叮嘱卞王收集一下大广坝水库二期工程准备工作的基本情况。

9月3日上午，甘远志再次来到东方采访。当天省政府调研组驱车疾驶两个多小时来到西线高速公路八所出口路时，已过上午10时。从八所出口路到大广坝这段30多

119
生命辉煌

公里的道路正在施工，车队在这段凹凸不平的路上颠簸了两个多小时才到达。

随省领导参观了发电机组、中心控制室后，已是下午1时。甘远志拖着疲惫的身子和大家一起到大广坝水库职工食堂用餐。

匆匆用过午饭后，顾不上休息，省领导在大广坝水库三楼小会议室就大广坝二期工程的有关情况进行座谈调研，直到下午近5时才回到东方市区。

为了把省领导当天考察大广坝的消息及时发回报社，甘远志留在东方赶写稿件，没有和调研组一同回海口。

下午5时多，甘远志一到酒店就直奔房间写稿。"今天好困，好累！"刚坐下不到10分钟，甘远志就显出很疲惫的样子。

卞王说，这是和甘远志认识三年多，第一次听他喊累。

"甘记，先躺一会儿吧，还有时间。"卞王给甘远志泡上一杯茶劝道。

茉莉花茶飘着淡淡的清香，甘远志呷了一口，说："好香啊，但没时间品茶呀。先把稿件写完吧，领导还等着审稿呢。"

就这样，甘远志斜靠在床上，轻轻敲击着键盘，坚持写完稿子传回报社后，才拖着疲惫的身子去吃晚饭。

为了让甘远志有足够的时间休息，第二天的早餐特意安排在9点钟，而习惯早起的他7点多就起床了。

本来《尽快启动大广坝二期工程》这篇稿子写完后，甘远志此次东方之行的任务已算圆满完成。但强烈的责任感和敏锐的新闻嗅觉促使他又开始谋划大广坝二期工程启动后的一系列深度报道。

用早餐的过程，实际上是采访和谈工作的过程。甘远志说："大广坝二期工程惠及东方、昌江和乐东三市县的22个乡镇和5个大型国营农、林、牧场，意义太大了。只要该工程正式启动，就可以推出一个大的报道。"

其间，甘远志还在电话中和东方市委书记黄成模谈了自己的报道设想，得到了黄成模的认同。一个简单的早餐用了一个多小时。在场的同志都被他这种敬业精神所感动。

下午1时45分，卞王习惯性地和甘远志挥手告别。三年里，卞王已不知多少次这样和他告别。没想到，这次竟然是与自己尊敬如兄长的人的最后一次告别。

"卞王，大广坝二期工程的相关材料现在就可以着手准备了。"甘远志行前再次谆谆嘱托。

小车驶出东方市区，快上西线高速公路时，甘远志觉得心里憋闷得慌。于是，他对驾驶员说："师傅，心里不太好受，我们还是回宾馆午睡一会儿再走。"

甘远志返回鸿信宾馆，冲了澡，躺下不到半小时，同房间的驾驶员听见甘远志"啊啊"地猛叫了几声，脸色发白，大口喘气，手不停地乱动，就一边给市委办公室负责人打电话，一边把甘远志送往最近的东方市中西医结合医院。

抢救期间，东方市有关部门负责人赶到现场，指挥调动市里的医疗专家，尽最大努力抢救。

"好好的一个人，怎么会这样呢？"抢救室外的东方市领导及甘远志的朋友们心急如焚，焦急地等待着，默默地祈祷奇迹能发生。

甘远志在东方突发心脏病的消息很快传到了海口，省政府有关负责人指示省人民医院要尽最大努力，派出专家立即赶赴东方，对甘远志进行紧急抢救。

△ 海南省新闻界纪念甘远志逝世5周年

海南日报社的领导和同事们更是万分焦急，有关人员陪着甘远志的妻子王瑛迅速赶往东方。

下午 6 时多，经全力抢救，终无回天之力，甘远志的心脏永远停止了跳动，他默默地走了。

奇迹终究没有发生，当医生失望地走出急救室时，现场等候的人们失声痛哭，泪雨顿飞。

符巍来到医院时，甘远志已静静地安息在洁白的抢救床上，这位把甘远志迎进东方的海南汉子，点上了一支烟，轻轻地放在"甘记"的床头。他不顾当地的禁忌，抓住甘远志冰冷的手，抽泣着说，我一定好好陪陪你！

在抢救室外等待了三个多小时的卞王和符运炜，得知远志再也不能醒来时，紧紧抱着，躲进医生值班室放声大哭起来。

➡ 哀思绵绵无绝期

★★★★★

周文彰说，我在甘远志事迹报告会上有一段话：他感动了海南新闻界，感动了海南社会，也感动了中国。我一方面感到骄傲，一方面又很痛心，骄傲的是我们的团队中吸收了一个好记者，没有埋没一个非常优秀的新闻人才。我有时也很矛盾，尤其感到当初同意他调入海南日报到底对他是幸还是不幸，我在反复思考这个问题。到现在我心里还很难过。他留给我们无尽的思念，也留给我们无尽的惋惜。

甘远志远去之时，在甘远志成长道路上倾注过无数心血，并对他寄予厚望的常辅棠正在重庆参加 2004 年范长江新闻奖评选工作。常辅棠在《远逝如风——悼远志》中写道：会议间隙，我刚好在长江和嘉陵江交汇的朝天门凭栏眺望。手机铃声响起，同事任小东声音急促，说远志在东方突发心脏病入院抢救，情况不明。我当时怔住，继而一想，情况不妙。那么远的地方，突发心脏病可想而知。接着前方的同事小梁几分钟一个手机电话或短消息，一个比一个糟糕。40分钟后，说，血都凝固了。我脑子一片空白。天空乌云低垂，细雨飘飞，远方山色如黛，江水滔滔，浊浪翻涌，仿佛是一个沉重的预言。返身订票时，已知远志不治。中断会议急返海口，见阳光灿烂，绿草茵茵，但同事一脸沉痛茫然。几天忙于远志后事，神情恍惚，但仍需故作镇静。8日上午，追悼会后，最后送走远志，难言。鲜活的生命走远了，但愿远志留给我们的不仅仅是回忆。

《海南日报》经济部主任华晓东说："远志刚刚逝去时我就在想，是什么能够让一个记者感动那么多人，想来想去还是那个道理：他是一个纯粹的记者。这种纯粹在远志身上，就是纯洁的事业心、责任感和拼搏精神。因其纯粹，他才心无旁骛，不沾邪气，一心当好他的记者，赢得了社会对他的信任；因其纯粹，在报社内部，他也心无杂念，一心干好本职工作，赢得了同事对他的尊敬。远志的纯粹，在于他的一颗对新闻事业的炽热爱心，支撑着他义无反顾地前行，无怨无悔，直到生命的最后一刻。"

"不能没有你。"妻子王瑛的深情呼唤在蓝天里久久回荡，响彻苍穹。王瑛的诉说，一句一把泪："远志，你用心血和汗水书写着每一篇文章，为了写稿难以回头，终于把你拼进去了。对不起，是我没能照顾好你，没能留住你的笑，留住你的爱，留住你不该逝去的生命。"

甘远志与王瑛在单位、在朋友圈中，是地道的模范夫妻、恩爱伉俪。远志待妻子就像热恋中的情人一样。而在王瑛的心目中，丈夫更是一个懂得浪漫、富有情趣的好男人。

王瑛说："1998年我生日那天，他到办公室接我，一进门就将一只手背在身后，仿佛藏着什么似的。在同事们的争抢下，才发现他手里拿着一张用花草和蝴蝶标本制作的卡片，取名为《蝶恋花》。那是他精心制作的生日贺卡。如今卡片已经变色，但那段美好的记忆却永远珍藏在了我的内心。"

"只要远志一回来，家里就会充满笑声，他总有说不完的笑话。"王瑛深情地说，"每天晚上即使再累，睡前他也会给我讲采访过程中的趣事。"

王瑛已经记不清和丈夫看了多少次日出了："节假日的清晨，只要一到海边，我们就会相互依偎，静静地等待太阳钻出海平面。"

最让王瑛难忘的是千禧年的元旦。在丈夫的建议下，夫妻二人乘坐开往广州的椰香公主号，在琼州海峡上目送世纪末的落日，迎接新千年的曙光。王瑛记得丈夫说过，太阳照亮大地的那一刹那，让他感动得想哭，他真希望自己也能够像太阳一样，发光发热，能够带给人们以温暖。

"结婚11年，远志无论在哪里，每天他总要电话联系好几次。"王瑛说，"在海口，一天固定两个电话；若出差在外地，一天三个电话雷打不动。早上他总是习惯打电话叫我起床，中午和晚上非得听到我吃饭了才能放心。"

"我心里记起的只有我们在雨中漫步，手牵手逛街；结婚纪念日里在沙滩上点燃一圈排成心形的蜡烛；骑自行车驮着我环城闲游……这些年来，我们从没红过脸，吵过嘴。"王瑛愉快地回忆说。

王瑛说，只要忙完稿子，远志就会到厨房来用歌声给她助兴，有时还跳起自编的舞蹈《北京的金山上》和《草原上升起不落的太阳》。此时，是夫妻一天最开心的时候。

王瑛还说，她家每晚都是九点后才吃饭，因为在这以前他要把当天的稿件传真或用电子邮件发回报社。晚饭后，他再看书看资料到夜里12点多睡觉。

王瑛说，远志看的书很杂。每月领工资后，他都要买回一大堆文史类书籍。

同事和朋友们的回忆，也带来了无尽的哀思。中国（海南）改革发展研究院国际会议中心主任赵开富说，远志调离中改院后，我们确确实实地非常怀念他，因为我们的活动少了，少了他这种热心、执着的人去组织活动。后来，我们的篮球队也慢慢散伙了，我们疏于运动的身体也发福了，身体感觉比以前差多了，真的很想念他。

中新社驻香港分社记者关向东说起甘远志，连连称赞：阿甘，我有胆有识的好兄弟! 回忆起驻站海南的日子，她感到阿甘仿佛仍在身边。

关向东说，美国大片《阿甘》上映后，大家不约而同觉得甘远志与电影里的主人公有同样的执着精神，于是我们身边也有了一位"阿甘"。

关向东说，与阿甘第一次交往，源于一篇稿件：1998年，中国人民银行关闭了海南发展银行，触动了中国金融顽疾冰山一角。由于我供职于对外新闻机构，应外报要求对此事的来龙去脉进行了深度调查，向海外多家媒体提供了一篇长篇特稿，其中不少观点比较犀利。

中改院的《新世纪》周刊得知中新社在进行金融调查，派阿甘联系，希望在国内首发此稿。但是，由于稿件披露了一些海南金融发展的内幕信息，反思了大特区发展定位的摇摆，不知能不能在国内刊发。

稿件拿去后，《新世纪》周刊编辑部认为只要内容属实，政策建议积极，由杂志社来承担刊发的风险。执行主编阿甘对稿件进行了一系列技术处理，包括为作者起了一个从来没用过的笔名刊发。

这期杂志出版后，虽引起了一场风波。但是由于新闻事实属实，《新世纪》顶了压力回复上方，杂志社将责任全部揽在了自己身上，没有转嫁一点压力给作者。关向东说，通过这件事，我结交了阿甘这样一位好朋友。

海南某药业公司老总陈宏，与甘远志在南充日报共事过，又同来海南创业。陈宏说："小甘对朋友很大方，但自己生活上非常节俭，要求很低。我们两家10年来，坚持每月聚餐两三次，地点都选在价格便宜的川菜馆或火锅店，每餐标准七八十元。10年了，他成了名记者，我也是公司老总了，但我们聚餐的标准始终没变过。我们爱去的地方还是火锅店。"

陈宏说，我们在海南相处这么多年，潮起潮落，挣钱的机会不少，但远志从来没跟我讨论过赚钱的事。他非常超脱，耐得住寂寞，能够忍耐清贫，他真的是太迷恋着新闻这份职业。他原来在《新世纪》时，风雨无阻，每天骑着自行车，从机场东路宿舍穿过半个海口城，到位于海甸岛的单位上班，10多公里路程，那时好辛苦，但我们从没听他说过累字。每天他还要扛着自行车爬上7楼，说是锻炼身体。

东方市公路分局局长潘垂省得知甘远志去世的不幸消息连声说："不可能，不可能，昨天我还和他一起吃早餐呢，这么好的'交通人'怎么会离开我们呢? 我们还有好多场球要等着他一起去打，不可能的。"潘垂省对甘远志的那种痛惜之情完全是一种自然的流露。

符巍是甘远志在东方的"铁哥们儿"，尽管他俩只朝夕相处了半年多时间，但这位市委宣传部副部长却感慨很多。他说，这两年要是有一两个月不见面，心里就想得慌。一见面，我会从后面抱住他的腰，先原地转上两圈；或者，伸出腿绊他一跤，再亲热地拥抱一下。

符巍回忆说："甘记赢得我们尊敬的是他的人格魅力，是他的诚恳、善良及谦逊。他是党报记者、'正规军'，在某些人眼里，我们是'土八路'。但他不这样看，和我们亲热得很。他还常向我请教一些问题：香蕉开不开花？地瓜怎么种？他放下架子，我是真感动。我也把他当朋友看。后来，他驻站结束，回报社去了。我看见他发了头条消息，也总会打电话鼓励他几句。"

熟悉或不熟悉甘远志的，甚或仅仅是看过甘远志文章的人，都怀念着他。一位留名"共同富裕"的网友贴文：跟老甘打过几次交道，刚开始都是淡淡地打一声招呼，没有什么太多的印象，直到有一次我在采访粤海铁路遇到难题，忽然想到这个淡淡的同行，就尝试着给他打了个电话，没想到他的反应会这么热烈，可以说是千方百计帮我解决问题，给我提供了不少有用的帮助。事后还主动给我打电话，问我是不是完成了采访任务，暖意久久萦绕在我心田。

一位留名"巴山月"的网友贴文：远志默默地远去，却像一阵惊雷，震撼了琼岛，震撼了神州大地！一个优秀记者的形象，撞击着千百万人的心房，人民至诚的哀伤，蕴含着对新闻界的厚望。

△ 甘远志在粤海铁路采访的工作照

后 记

小书能见大境界

在党的十八大召开之际，吉林文史出版社出版"双百人物"系列丛书，是一件十分重要且有意义的事。《甘远志》这本书由吉林文史出版社出版发行，对于我们重温远志精神，是一件很有意义的事。

在我看来，甘远志生前并没有什么惊天地泣鬼神的英雄壮举，他的逝世却牵动了那么多人的心，让那么多的老百姓和新闻界同行悲恸不已。人们悼念他，追忆他，说的最多的还是那句话："他把党的新闻事业看得比自己的生命还重。"可以说，对党和人民的忠诚，对党的新闻事业的挚爱，正是铸就甘远志精神的根本基石。

"甘远志老师高尚的人格魅力和对新闻事业的执着追求一直激励我努力工作，他高尚的职业品德将影响我的一生。"海南日报社年轻记者魏如松话语间充满了浓浓的敬仰之情。和如松记者一样，作为入行不久的记者，我对于甘远志老师的敬仰之情也是难以言表。

作为最初报道甘远志事迹的新闻界同行，本书作者、现任新华社海南分社副社长、总编辑金敏用饱含深情的笔、惺惺相惜的情，描绘了这位因公殉职的记者奋斗不息的一生。全书分"嘉陵江边""理论之光""生命辉煌"三部分，以时间为序，分别记录了甘远志在家乡四川的南充日报社、中国（海南）改革发展研究院、海南日报社的工作经历，讲述了他18年记者生涯中深入生活、仗义执言的一个个曲折故事，探访了他勤学好问、刻苦钻研、理论联系实际的生命足迹，展现了他拼搏奉献、敬业爱岗的职业风范。

再次整理文稿时，受益于金敏副社长深入、细致的采访，我知道了"甘头条"的玩命和在同事中的口碑。通过对甘远志一个个工作片断的描写，我看到甘远志"声声皆为民众呼"的无畏和为党分忧的忠诚。纵览全书，一位新时代记者的形象全景式展现在读者眼前，令人感慨他出色人品的同时，折服于他"崇高的精神、良好的职业操守、独特的人格魅力"。

"同行知辛苦。"整理完书稿后，我为金敏副社长几经修改的执着而欣慰：这不是什么应景之作，而是充满激情的辛勤硕果；回味甘远志的一生，又不禁为他有这样知心的同行而高兴；他的名字不仅将"镌刻在共和国的新闻史上"，也将长留读者心中……

整理文稿期间，我几次不禁潸然泪下。敬业这是工作人员常常爱说的话，但真做起来且终生如一，实在不易。甘远志的敬业精神，正是他闪光的源头。也许正因为敬业是他实现人生理想的具体途径——最终倒在了采访的路上。一名新闻记者忠诚于党的新闻事业，认真履行新闻记者的神圣使命，忠于职守，敬业奉献。对这种精神的坚守，就会让我们把新闻事业看得比生命还重要。

另外，我想说的是一声"感谢"。感谢吉林文史出版社将如此重要选题的任务交给我，感谢他们的信任。感谢王尔立老师、编辑任玉茗给我大量的宽裕时间，帮助我修改文稿，她们做了大量细致耐心的工作。今年忙于各种采访、专题调研，奔波全国近十个省份，同时，参加了党的十八大等多项重要事件的新闻报道工作，在家的时间不足三个月，整理文稿的时间也是断断续续，给编辑的工作带来诸多不便，内心十分愧疚。同时，还要对金敏副社长说一声"谢谢"。感谢他的信任和支持，放心我这个新闻"小字辈"来完成文稿的整理工作。

由于时间仓促，文稿肯定存在不少不足之处，尽请读者朋友斧正。

傅勇涛

2012 年 11 月于北京

100位

新中国成立以来感动中国人物

丁晓兵　马万水　马永顺　马恒昌　马海德　中国女排五连冠群体

孔祥瑞　孔繁森　文花枝　方永刚　方红霄　毛岸英

王　杰　王　选　王　瑛　王乐义　王有德　王启民

王进喜　王顺友　邓平寿　邓建军　邓稼先　丛　飞

包起帆　史光柱　史来贺　叶　欣　甘远志　申纪兰

白芳礼　任长霞　刘文学　刘英俊　华罗庚　向秀丽

廷·巴特尔　许振超　达吾提·阿西木　邢燕子　吴大观

吴仁宝　吴天祥　吴金印　吴登云　宋鱼水　张　华

张云泉　张秉贵　张海迪　时传祥　李四光　李春燕

李桂林和陆建芬夫妇　李素芝　李梦桃　李登海　杨利伟

杨怀远　杨根思　苏　宁　谷文昌　邰丽华　邱少云

邱光华　邱娥国　陈景润　麦贤得　孟　泰　孟二冬

林　浩　林巧稚　林秀贞　欧阳海　罗映珍　罗健夫

罗盛教　草原英雄小姐妹　赵梦桃　钟南山　唐山十三农民

容国团　徐　虎　秦文贵　袁隆平　钱学森　常香玉

黄继光　彭加木　焦裕禄　蒋筑英　谢延信　韩素云

窦铁成　赖　宁　雷　锋　谭　彦　谭千秋　谭竹青

樊锦诗

图书在版编目（CIP）数据

甘远志 / 金敏，傅勇涛著. -- 长春：吉林文史出
版社，2012.11（2024.5重印）
（100位新中国成立以来感动中国人物）
ISBN 978-7-5472-1315-5

Ⅰ. ①甘… Ⅱ. ①金… ②傅… Ⅲ. ①甘远志（
1965～2004）－生平事迹－青年读物②甘远志（1965～
2004）－生平事迹－少年读物 Ⅳ. ①K825.42-49

中国版本图书馆CIP数据核字(2012)第277332号

甘远志

GANYUANZHI

著/ 金敏 傅勇涛
选题策划/ 王尔立 责任编辑/ 王尔立 李洁华 任玉茗
装帧设计/韩璘
出版发行/ 吉林文史出版社
地址/ 长春市福祉大路5788号 邮编/ 130118
电话/ 0431-81629363 传真/ 0431-86037589
印刷/天津海德伟业印务有限公司
版次/ 2012年12月第1版 2024年5月第5次印刷
开本/ 640mm×920mm 1/16
印张/ 9 字数/ 120千
书号/ ISBN 978-7-5472-1315-5
定价/ 29.80元